Association Générale des Étudiants de Paris

LES FÊTES

DE

L'UNIVERSITÉ DE PARIS

EN 1889

Supplément au Bulletin " L'UNIVERSITÉ DE PARIS " de Juin-Novembre 1890

PARIS

TYPOGRAPHIE GEORGES CHAMEROT

19, Rue des Saints-Pères, 19

—

1890

LES FÊTES

DE

L'UNIVERSITÉ DE PARIS

EN 1889

ASSOCIATION GÉNÉRALE DES ÉTUDIANTS DE PARIS

LES FÊTES

DE

L'UNIVERSITÉ DE PARIS

EN 1889

PARIS

TYPOGRAPHIE GEORGES CHAMEROT

19, RUE DES SAINTS-PÈRES, 19

—

1890

LES FÊTES

DE

L'UNIVERSITÉ DE PARIS

EN 1889

L'année 1889 a réuni au souvenir de la Révolution pacifique de 1789 les fêtes du travail et les fêtes de la pensée. En même temps que l'Exposition Universelle, la ville de Paris célébrait l'inauguration de la Nouvelle Sorbonne, et accueillait encore une fois sur la Montagne Sainte-Geneviève toutes les Universités du monde. L'Association Générale des Étudiants de Paris a reçu à cette époque les Étudiants du vieux et du nouveau Continent. Elle célèbre aujourd'hui l'anniversaire de ces fêtes qui pour beaucoup sont inoubliables.

Les fêtes ont été organisées, avec le généreux concours du Ministère de l'Instruction publique et de la Municipalité de Paris, par le Comité de l'Association composé de MM. Bernard, Clément, Droz, Jeanmaire, Perret, licenciés en droit, étudiants à la Faculté de Droit ; Bérenger, Potel, Revelin, licenciés ès lettres, étudiants à la Faculté des Lettres ; Achalme, Leredde, Sardou, internes des hôpitaux ; Victor Fouré, externe des hôpitaux, étudiants à la Faculté de Médecine ; Chandebois, Chaumeton, La Chesnais, licenciés ès sciences, étudiants à la Faculté des Sciences ; Picard, étudiant à la Faculté de théologie protestante ; Demolon, interne des hôpitaux, Perrot, interne provisoire des hôpitaux, Poussart, étudiants à l'École supérieure de Pharmacie ; Heubès, architecte diplômé du gouvernement, deuxième grand prix de Rome, Sta, élèves de l'École des Beaux-Arts ; Rudloff, élève de l'École Centrale ; Henry, élève de l'École des Chartes ; Worms, licencié ès lettres, en droit et en histoire naturelle, élève de l'École Normale supérieure (section des Lettres) ; Hélier, élève de l'École Normale supérieure (section des Sciences) ; Brossart, Desoubry, élèves de l'École d'Alfort ; Pillet, élève de l'École de Physique et de Chimie.

Président.	Chaumeton.
Vice-présidents.	{ Jeanmaire. / Revelin.
Secrétaires.	{ Worms. / Sta.
Trésorier général.	Chandebois.
Bibliothécaire général.	Bérenger.

Le Comité était assisté d'une Commission générale des fêtes où figuraient MM. Chaumeton, Jeanmaire, Revelin, Worms, Sta, Chandebois, Bérenger, Saugrain, Rudloff, Perrot, Bernard, Droz, Achalme, Fouré (Victor), Leredde, La Chesnais, Potel, Demolon, Heubès, Pillet, Rosnoblet, Stœber, Feschotte, Hauvette, Corbin, Franck, Offner, Le Forestier, Gascuel, Théas, Léné, Weil (René), Paturet, Lazard, Mathieu, Eisenmann, Henry.

L'Association avait adressé aux Universités de France et de l'étranger l'invitation suivante :

Chers camarades,

Parmi les fêtes de l'Exposition, l'Université de Paris aura la sienne.
La Nouvelle Sorbonne sera inaugurée le 5 août 1889.

Les Étudiants de Paris, en cette occasion solennelle, seraient heureux de réunir les délégations des Universités du monde entier.

Une série de fêtes sera organisée par eux, avec le concours de l'État et de la ville de Paris.

Nous espérons que vous voudrez bien accepter notre hospitalité fraternelle et venir célébrer, avec nous, la science, la paix et la liberté.

Quelques jours après, cette invitation était suivie de la circulaire que voici :

Chers camarades,

L'Association Générale des Étudiants de Paris recevra les délégations envoyées par les Universités, le vendredi 2 et le samedi 3 août. Chaque Université est priée de nous faire connaître l'heure exacte de l'arrivée de sa délégation.

Les fêtes dureront huit jours environ.

Des démarches sont faites auprès des Compagnies de chemins de fer français, afin d'obtenir pour les délégués une réduction de 50 p. 100. Le résultat de ces démarches sera communiqué aux Universités.

L'Association mettra des logements à la disposition des délégués étrangers.

Le nombre des délégués n'est pas limité. Chaque Université est priée de nommer deux chefs de délégation, auxquels seront transmis tous les renseignements concernant les fêtes.

Une carte personnelle sera adressée à chaque délégué; elle lui permettra d'obtenir la réduction sur les chemins de fer et lui servira de carte d'entrée aux fêtes.

Le programme des fêtes est ainsi fixé :

1º Inauguration de la nouvelle Sorbonne, sous la présidence de M. CARNOT, Président de la République Française (5 août).

2º Fête au Ministère de l'Instruction publique offerte par M. Fallières, ministre de l'Instruction publique et des Beaux-arts (3 août).

3º Réception des délégués par M. Pasteur;

4º Fête à l'Hôtel de Ville, offerte par la Municipalité de Paris (8 août).

5º Représentation de gala à l'Opéra (4 août).

6º Promenade et banquet à Meudon (12 août).

7º Visites à l'Exposition et aux établissements universitaires.

Veuillez, chers camarades, nous faire connaître le plus tôt possible le nombre des délégués de votre Université qui assisteront à ces fêtes.

Agréez l'assurance de notre cordiale sympathie.

LE COMITÉ.

A cette invitation, répondit l'envoi des délégations suivantes :

DÉLÉGATIONS ÉTRANGÈRES (478 DÉLÉGUÉS)

Oxford, 2; Edimbourg, 6; Londres, 1; Cambridge, 7; Mons, 12; Liège, 118; Gand, 29; Bruxelles, 46; Louvain, 6; Utrecht, 14; Leyde, 13; Gorningue, 3; Delft, 2; Amsterdam, 7; Saint-Pétersbourg, 1; Délégation russe de Paris, 15; Moscou, 1; Dorpat, 2; Karkoff, 1; Jaroslaw, 1; Pologne, 2; Finlande, 3; Upsal, 2; Lund, 3; Christiania, 6; Danemark, 4; Vienne, 5; Prague, 4; Hongrie, 17; Agram, 13; Roumanie, 8; Athènes, 8; Constantinople, 1; Barcelone, 1; Lisbonne, 1; Coïmbre, 2; Genève, première délégation, 11; deuxième délégation, 2; Lausanne, 3; Berne, 1; Bâle, 7; Palerme, 2; Padoue, 2; Pavie, 5; Pise, 3; Turin, 2; Bologne, 15; Florence, 7; Naples, 1; États-Unis, 25; Montréal, 6; Vénézuela, 6; Uruguay, 5; Costa-Rica, 1; Paraguay, 3; Chili, 4.

SIÈGE SOCIAL
DE L'ASSOCIATION DES ÉTUDIANTS.

DÉLÉGATIONS DE FRANCE (218 DÉLÉGUÉS)

Lille, 15; Nantes, 1; Montauban, 1; Rennes, 1; Poitiers, 6; Bordeaux, 15; Montpellier, 20; Toulouse, 6; Alger, 12; Aix, 1; Besançon, 13; Nancy, 20; Tours, 2; Caen, 6; Dijon, 16; Grenoble, 12; Limoges, 1; Lyon, 42; Marseille, 13; Amiens, 2; Clermont-Ferrand, 5; Rouen, 8.

Voici quel a été le programme définitif des fêtes universitaires :

Vendredi 2 et Samedi 3 août. — Réception des Étudiants étrangers aux différentes gares.

Dimanche 4. — Cérémonie au Panthéon.

Représentation de gala à l'Opéra : *Guillaume Tell.*

Lundi 5.   — Inauguration de la Nouvelle Sorbonne, sous la présidence de
                M. Carnot, président de la République Française.
                Dîner suivi de réception au Ministère de l'Instruction publique.

Mardi 6.   — Représentation offerte au Shah de Perse à l'Opéra, à laquelle
                étaient invités les chefs des délégations d'Étudiants étran-
                gers.

Mercredi 7.   — Visite à l'Institut Pasteur.
                Soirée amicale au théâtre du Paradis-Latin.

Jeudi 8.   — Matinée de gala au Théâtre-Français : le *Cid*, de Corneille, et les
                Précieuses Ridicules, de Molière.
                Le soir, réception à l'Hôtel de Ville de Paris.

Vendredi 9.   — Réception des étudiants anglais et américains chez M. le pro-
                fesseur Beljame.
                Réception et concert au Ministère des travaux publics. Retraite
                aux flambeaux.

Samedi 10.   — Le matin, visite au Muséum d'histoire naturelle et à la Faculté
                de Médecine ; à 2 heures, lecture des adresses des Étudiants
                étrangers, dans le grand amphithéâtre de la Vieille Sorbonne.
                Le soir, représentation au théâtre de la Gaîté.

Dimanche 11. — Visite rendue par les chefs des délégations étrangères à M. Carnot
                et à Mme Carnot, à l'Élysée national.
                Banquet offert aux chefs des délégations étrangères, au restau-
                rant Foyot.
                Représentation de gala au théâtre de l'Éden.

Lundi 12.   — Ascension sur la Tour Eiffel, déjeuner au restaurant Brébant.
                Grand banquet d'adieu sur la terrasse du château de Meudon.

RÉCEPTION DES DÉLÉGATIONS

(Vendredi 2 et samedi 3 Août)

Offrir l'hospitalité en 1889, au mois d'août, en pleine Exposition Universelle, c'était un problème difficile. Cependant, le 2 et le 3 août il était résolu. Des chambres étaient préparées pour tous les hôtes de l'Association. Des plans de Paris spéciaux étaient prêts : chacun y trouverait marqué en rouge l'emplacement de sa maison et celui de l'Association, qui devait être son quartier général. Des commissaires se rendirent aux gares et n'eurent plus qu'à conduire chez eux les Étudiants de la France et de l'Étranger. Ce fut gaiement fait. A la fatigue du voyage succédait pour tous une réception cordiale. Au bout d'une heure il n'y eut plus que des camarades.

Le soir on dîna un peu partout. Mais, après dîner, tout le monde revint à l'Association. La petite salle de théâtre était pleine. On y improvisa une réunion amicale dont les Étudiants présents furent eux-mêmes les acteurs. Dès ce soir-là, l'Association était trop petite : c'est que, suivant le vœu du sage, elle était pleine d'amis.

TRANSLATION AU PANTHÉON

DES

CENDRES DE CARNOT, MARCEAU, LA TOUR D'AUVERGNE ET BAUDIN

(Dimanche 4 Août.)

———

Les Étudiants ont assisté en corps à la cérémonie du Panthéon.

Toute la rue Soufflot était décorée : deux rangées de mâts, espacés de douze en douze mètres, surmontés de drapeaux tricolores, portaient en leur milieu des faisceaux de drapeaux entourant un bouclier voilé de crêpe : deux rangées de banderoles de toutes couleurs couraient de mât en mât jusqu'au Panthéon. Sous le péristyle et sous un dais étoilé d'argent et dont les quatre pans se relevaient, rattachés à des colonnes, se dressait le catafalque.

Il était recouvert de drap blanc avec des larmes noires et des branches de laurier brodées ; des drapeaux l'entouraient, et un grand nombre de couronnes de fleurs y avaient été accrochées.

Vers neuf heures la foule a grossi ; toutes les fenêtres étaient garnies à l'entour du Panthéon et dans les rues voisines, et les haies de troupes avaient peine à contenir les curieux. Peu à peu l'escalier et le péristyle se sont remplis ; des chaises y avaient été préparées. Sont venues en corps les députations du Sénat et de la Chambre, de la Cour de cassation, de la Cour d'appel, du Tribunal, du Parquet, toutes en costume ; du Conseil d'État, de la Cour des comptes, de l'Université, de l'Association Générale des Étudiants de Paris. Au premier rang, ont pris place les ministres et les chefs d'armée et de corps, parmi lesquels les généraux Saussier, de Galliffet, Billot, etc. A neuf heures et demie, le Président de la République est arrivé en landau découvert, salué par des salves d'artillerie qui se

tiraient sur la terrasse du Luxembourg, précédé d'un détachement de cuirassiers, accompagné de sa Maison militaire et suivi de son frère et de
ses fils. Il s'est assis au fauteuil préparé pour lui devant le catafalque, à
côté des morts que l'on célébrait.

La cérémonie a commencé alors. M. Tirard, président du Conseil, s'est
avancé vers M. Carnot, et a commenté la devise inscrite au frontispice du
Panthéon : « Aux grands hommes la patrie reconnaissante », et a affirmé
que la République seule pouvait rendre l'hommage dû aux héros qu'elle
honorait aujourd'hui :

> Il a fallu, a-t-il dit, le centenaire de la Révolution, l'accord des pouvoirs publics,
> et, pour tout dire d'un mot, la grande voix de la France républicaine pour indiquer
> à tous que l'heure des commémorations avait sonné et que le meilleur moyen de
> célébrer la Révolution française était de rendre les suprêmes hommages à ses plus
> illustres enfants.

M. Tirard a terminé en invoquant le souvenir de la fête du 4 août
et par un appel à l'union de tous les Français :

> Non, nous ne serons pas toujours divisés; non, nous ne serons pas toujours
> victimes de nos erreurs et de nos préjugés et il viendra un jour immortel de récon-
> ciliation.

Après le président du Conseil, M. le sénateur Maze a pris la parole;
c'est à lui qu'était échu l'honneur de retracer la vie de Marceau, de
Carnot, de La Tour d'Auvergne et de Baudin.

Après quelques éloquentes paroles de M. Noël Parfait qui a terminé
en récitant la belle strophe de Victor Hugo :

> Gloire à notre France éternelle,
> Gloire à ceux qui sont morts pour elle,
> Aux martyrs, aux vaillants, aux forts,
> A ceux qu'enflamme leur exemple,
> Qui veulent place dans le temple
> Et qui mourront comme ils sont morts,

le défilé des troupes a commencé.

Les troupes étaient massées derrière le Panthéon. Elles ont défilé de
gauche à droite, entrant sur la place par l'angle où s'élève la statue de
Jean-Jacques Rousseau et se retirant par les rues voisines de la bibliothèque
Sainte-Geneviève. Le 1er régiment du génie et le bataillon de chasseurs à
pied de Versailles ont ouvert la marche; ils ont été suivis par trois régi-

ments d'infanterie de ligne, le 22ᵉ d'artillerie, le 4ᵉ chasseurs de Saint-Germain, un régiment de dragons et un régiment de cuirassiers. Le général sénateur Deffis, placé avec son état-major en face du Président, entre la mairie du Vᵉ arrondissement et l'École de droit, dirigeait le défilé.

Le directeur du protocole, M. le comte d'Ormesson, qui avait réglé l'ordre de la cérémonie, s'est avancé alors vers M. Carnot et l'a invité ainsi que les familles des illustres morts à descendre dans la crypte. Les dignitaires présents les ont accompagnés, et les cercueils ont été descendus dans les caveaux ; à droite sont placés Carnot et Marceau, et à gauche La Tour-d'Auvergne et Baudin. Sur les pierres qui ferment l'entrée de chaque caveau sont gravées les inscriptions suivantes :

LAZARE CARNOT

NÉ LE 13 MAI 1753, A NOLAY (CÔTE-D'OR)
MORT EN EXIL A MAGDEBOURG, LE 2 AOUT 1823.

MARCEAU

(FRANÇOIS-SÉVERIN)

GÉNÉRAL DES ARMÉES DE LA RÉPUBLIQUE
NÉ A CHARTRES (EURE-ET-LOIR), LE 1ᵉʳ MARS 1769
TUÉ A L'ENNEMI A ALTENKIRCHEN (PRUSSE RHÉNANE)
23 SEPTEMBRE 1796.

LA TOUR D'AUVERGNE

(THÉOPHILE-MALO CORRET DE)

PREMIER GRENADIER DES ARMÉES DE LA RÉPUBLIQUE
NÉ A CARHAIX (FINISTÈRE), LE 23 NOVEMBRE 1743
TUÉ A L'ENNEMI, A OBERHAUSSEN (BAVIÈRE)
LE 27 JUIN 1800.

BAUDIN

(JEAN-BAPTISTE-ALPHONSE-VICTOR)

REPRÉSENTANT DU PEUPLE
NÉ A NANTUA (AIN), LE 23 OCTOBRE 1811
TUÉ A PARIS POUR LA DÉFENSE DU DROIT
LE 3 DÉCEMBRE 1851

Au-dessous de chacune de ces inscriptions seront placées ces deux lignes :

TRANSFÉRÉ AU PANTHÉON LE 4 AOUT 1889
(LOI DU 1ᵉʳ JUILLET 1889)

2

Pendant que la cérémonie avait lieu dans la crypte, les Étudiants pénétraient dans le Panthéon, dont la garde intérieure était confiée à des invalides. La musique de la garde républicaine jouait des marches funèbres, installée sur le côté gauche du transept; à droite, à la place de l'ancien autel de la Vierge, se dressaient les assises d'une sorte de tombeau. Le Président de la République, conduit par M. Alphand, a posé la première pierre du monument qui sera élevé en l'honneur de Hoche et de Kléber, et on lui a présenté la plaque de cuivre qui y sera scellée.

Puis il est sorti du Panthéon aux sons de la *Marseillaise* et a regagné sa voiture : le cortège s'est formé dans le même ordre qu'à l'arrivée. Le public a fait une véritable ovation au Président de la République. Rue Soufflot et boulevard Saint-Michel, les cris de : « Vive Carnot! Vive la République! » n'ont cessé de se faire entendre.

REPRÉSENTATION DE GALA A L'OPÉRA

Le 4 août, à huit heures du soir, les délégations d'Étudiants et tous les Étudiants de Paris, étaient invités à une représentation de gala, au théâtre de l'Opéra. On jouait *Guillaume Tell*, de Rossini, avec Mmes Bosman, Agussol, Leavington, et MM. Duc, Bérardi, Gresse, Bataille.

Dans la loge ministérielle se tiennent M. Fallières, ministre de l'Instruction publique, et Mme Fallières, ainsi que MM. Liard et Rabier, directeurs de l'Enseignement et M. Félix Hément, chef de cabinet. Dans les premières loges on remarque MM. Bréal, Himly, Boissier, Lavisse, Franck, Léveillé, Brouardel, Brissaud, Villejean, Reclus, Hanot, Landouzy, Chavegain, Massigly: MM. Corfield et Murphy, de la Faculté de Londres; MM. Chautemps, président du Conseil Municipal et Jacques, président du Conseil Général.

L'orchestre, le parterre et l'amphithéâtre sont exclusivement réservés aux Étudiants des départements et de l'étranger. Dans les loges et les galeries supérieures sont assis les Étudiants de Paris. Les membres de l'Association font les honneurs. Ils portent en sautoir les couleurs de l'Université de Paris. Les Universités étrangères, conformément à leurs antiques usages qu'elles ont eu le bon esprit de ne pas abolir, et qu'elles gardent avec un soin jaloux, donnent à la salle par la variété de leurs costumes un aspect pittoresque et imprévu. On se montre les barrettes de satin de l'Université de Bologne, le bonnet de feutre des écoliers de Padoue, orné de l'antique inscription : « Universitas Patavinensis », les longues écharpes de Genève et de Lausanne, les casquettes galonnées de l'Université de Liège et de Bruxelles, l'hermine et le bonnet frangé d'argent des gradués d'Oxford, les insignes divers des Universités d'Édimbourg, de Lund, d'Upsal, de Copenhague, de Florence, de Coïmbre ; surtout l'élégant manteau, le pourpoint, le sabre, les bottes éperonnées et la toque à plumes blanches des étudiants de Buda-Pesth.

Après le deuxième tableau de *Guillaume Tell* on voit avec surprise M. Fallières, ministre de l'Instruction publique et des Beaux-arts, quitter sa loge. Quelques moments après, la grande loge d'honneur s'ouvre et on aperçoit le Président de la République qui vient ainsi faire la visite la plus inattendue et la plus précieuse à ses jeunes amis les Étudiants. La *Marseillaise* éclate sonore et brillante. Tout le monde se lève d'un seul coup et de toutes les poitrines un cri sort en même temps : « Vive Carnot ! » Toutes les mains se lèvent en l'air, agitant des bérets, des casquettes, des toques, des chapeaux, des schapskas, de toutes les formes et de toutes les couleurs. Trois ou quatre fois, l'ovation recommence pendant que le Président remercie de la main avec la plus grande émotion. Les ministres entrent dans la loge de M. Fallières, qui reste auprès du Président avec le commandant Chamoin et le général Brugère.

Le rideau se lève. Dans un magnifique décor, au pied de lacs et de montagnes, se dresse le buste de la République Française autour duquel se tiennent les chœurs de l'Opéra : chaque artiste porte à la main des fleurs offertes par les Étudiants de Paris et les robes rouges, blanches et bleues, étendent sur la scène comme un grand drapeau tricolore. Melchissédec, dans son uniforme de réserviste, entonne la première strophe de la *Marseillaise* que tout le monde écoute debout. Peu à peu l'enthousiasme monte. Il est visible que l'auditoire emporté va chanter lui-même... Les fauteuils d'orchestre et l'amphithéâtre chanter... à l'Opéra ! Vianesi, superbe, tourne vers la salle d'un mouvement large son bâton de chef d'orchestre, et toute la salle chante l'hymne immortel.

Enfin, il faut finir. Le Président de la République quitte sa loge. Dans les couloirs, les Étudiants de toutes les nations se pressent autour de lui. A peine on peut avancer. Le grand escalier de l'Opéra est trop étroit pour une pareille descente. Le long des rampes d'onyx, au pied des bronzes verts et des marbres roses, sous les larges candélabres, ondoie un flot humain, une mer de jeunes têtes sur laquelle passe le bruit des acclamations.

Sur le perron, sur les marches, près de la voiture, c'est de même. Les Italiens veulent dételer les chevaux et traîner eux-mêmes la voiture du

L'ESCALIER DE L'OPÉRA LE JOUR DE LA REPRÉSENTATION DE GALA.

Président. Il faut les observations énergiques des gardiens de la paix pour les en empêcher. La voiture part à grand'peine au milieu de la foule enthousiaste. En s'éloignant, longtemps encore, le Président de la République a pu entendre crier : « Vive Carnot! Vive la France! »

Le bureau du Comité, au nom des Étudiants, était allé présenter ses respectueux remerciements au Président de la République Française.

INAUGURATION

LA NOUVELLE SORBONNE[1]

(Lundi 5 Août)

———

Le 5 août, la façade de la Nouvelle Sorbonne, sur la rue des Écoles, se dressait toute blanche sur un ciel bleu, avec ses portes cintrées, ses hautes fenêtres à compartiments, et ses deux frontons, les Sciences, les Lettres, que relient une rangée de jeunes femmes : la Littérature, l'Histoire, la Philosophie, la Géographie, les Mathématiques, les Sciences naturelles, la Physique et la Chimie. Un large velum s'avance en avant des portes, tendues de velours rouge à franges d'or. Dans le vestibule, sous une voûte blanche, ciselée de caissons délicats, entre deux massifs de plantes vertes, les statues assises d'Homère et d'Archimède marquent l'entrée de l'escalier. Puis l'escalier s'ouvre et se dédouble pour conduire à une galerie ornée de peintures décoratives. L'accord heureux de l'architecte et des peintres lui a donné une tonalité bleue sur laquelle chantent les jaunes passés des balustrades de cuivre. Enfin, au fond de la galerie s'ouvrent la salle du Conseil académique, et en face les portes des tribunes du grand amphithéâtre.

———

1. L'architecte de la Sorbonne est M. H. P. Nénot, né à Paris le 27 mai 1853, reçu à l'École des Beaux-Arts en octobre 1868, engagé volontaire et décoré de la médaille militaire en 1870-71, grand-prix de Rome en 1877, nommé architecte de la Sorbonne, après concours (1er prix d'exécution) en 1882, chevalier de la Légion d'honneur en août 1885.

Les frontons sont de Chapu et de Mercié. Les statues de la corniche de Marqueste, Lefèvre, Injalbert, Carlier, Cordonnier, Suchet, Paris. — Dans l'escalier, les peintures qui représentent *Abailard enseignant sur la montagne Sainte-Geneviève*, *Rollin au collège de Beauvais*, *Richelieu posant la première pierre de la Sorbonne* sont de François Flameng ; *Bernard Palissy*, *Ambroise Paré*, *saint Louis et Robert de Sorbon*, de Chartran. — Dans la salle du Conseil académique seront placés les *Cinq Doyens, entourés des lettres et des sciences*, par Benjamin Constant. — Dans le grand amphithéâtre, les statues sont de Dalou, Lanson, Barrias, Coutan, Crauk.

Dans le grand amphithéâtre, au-dessus de l'estrade, suivant une ligne courbe doucement infléchie, se déroule la grande décoration de Puvis de Chavannes :

Dans la clairière d'un bois sacré, au centre, sur un bloc de marbre est assise une figure symbolique de la SORBONNE. A ses côtés, deux génies porteurs de palmes et de couronnes, hommage aux vivants et aux morts glorieux. Debout, l'ÉLOQUENCE célébrant les conquêtes de l'esprit humain. Autour d'elle les figures diverses de la POÉSIE. Du rocher où le groupe est assemblé s'écoule la source vivifiante ; la Jeunesse s'y abreuve avidement, la Vieillesse aux mains tremblantes y fait remplir sa coupe.

— A gauche, la PHILOSOPHIE et l'HISTOIRE : la PHILOSOPHIE représentée par la lutte du Spiritualisme et du Matérialisme en face de la mort : l'un confessant sa foi dans un élan d'ardente aspiration, l'autre démontrant sa pensée par l'étude de la

LA NOUVELLE SORBONNE
VUE DE L'ASSOCIATION DES ÉTUDIANTS.

fleur, image des transformations successives de la matière ; l'HISTOIRE interrogeant les antiques débris du passé exhumé sous ses yeux.

A droite, la SCIENCE : la MER et la TERRE qui lui offrent leurs richesses ; la BOTANIQUE avec sa gerbe de plantes ; la GÉOLOGIE appuyée sur un fossile ; les deux génies de la PHYSIOLOGIE tenant l'un un flacon, l'autre un scalpel ; la PHYSIQUE entrouvrant ses voiles devant un essaim de jeunes gens qui se vouent à son culte en lui offrant comme prémices de leurs travaux la flamme de l'électricité ; à l'ombre d'un

3

bosquet, la GÉOMÉTRIE figurée par un groupe absorbé dans la recherche d'un problème.

L'estrade, ornée.à droite et à gauche d'un simple trophée de drapeaux, porte 112 fauteuils. Par terre, s'étend dans l'hémicycle un grand tapis rouge. Autour de l'hémicycle s'élèvent les tribunes, semblables à un groupe de ruches. Entre les tribunes sont assises des statues en pierre blanche, Robert de Sorbon et Richelieu, Pascal et Descartes, Rollin et Lavoisier, qui, dans l'attitude grave de la méditation, ou dans la pose familière de l'invention, assistent à cette grande fête. Au pied de chaque statue, les Étudiants en costume tiennent leurs bannières. Les Étudiants hellènes ont la bannière rayée, bleue et blanche, brodée d'argent et surmontée d'une croix dorée; les étudiants de Mons, verte et rouge; ceux de Lyon, le lion symbolique et la devise : « Avant! avant! Lyon le Melhor » ; ceux de Marseille montrent la croix d'argent sur le champ d'azur et ceux de Liège leur titre latin : *Universitas Leodensis*. Bruxelles, le Venezuela, Florence, Pise sont là; les étudiants de Bâle, en culotte blanche et en gants blancs à crispins, avec le baudrier en rubans et la petite casquette, tiennent l'étendard à raies blanches et noires. Les Étudiants anglais d'Édimbourg, de Cambridge et d'Oxford, avec leur élégante robe noire ouverte et leur schapska, sont groupés autour du lion et de la licorne d'Édimbourg. Enfin, au milieu, se dresse le drapeau de l'Association Générale des Étudiants de Paris, tricolore et cravaté de violet.

Les tribunes sont pleines d'invités. Dans la tribune d'honneur vient s'asseoir Mme Carnot, que les Étudiants salueront à la fin de la cérémonie par une chaleureuse ovation. Les Étudiants garnissent le fond de l'hémicycle. En face de l'estrade présidentielle se placeront M. Gréard, vice-recteur de l'Académie de Paris, et les recteurs des Académies des départements. Derrière eux, le Conseil général des Facultés ; les Facultés des Lettres, des Sciences, de Droit, de Médecine, en robes jaunes et rouges, avec l'épitoge garnie d'hermine blanche précédées des huissiers portant les masses symboliques en argent, l'École supérieure de Pharmacie, les délégations des professeurs du Collège de France, du Muséum d'histoire naturelle, de l'École Normale supérieure, de l'École des Chartes, de l'École des Langues orientales et de l'École des Hautes études ; les chefs des travaux et les préparateurs des Facultés de Paris ; les députations des professeurs des lycées de Paris ; les délégations des membres de l'Enseignement primaire.

A droite : les sénateurs et les députés, les membres du Conseil Municipal de Paris, les représentants de la presse de Paris et des départements.

A gauche : les directeurs et professeurs des Universités et des grandes écoles étrangères venus à Paris à l'occasion du Congrès international de l'enseignement supérieur et de l'enseignement secondaire.

A l'entrée des professeurs, un étudiant crie : « Un ban pour les professeurs ! » Et toutes les mains de battre, tandis que les professeurs regardent, en remerciant des yeux, cette jeunesse, qui n'est plus séparée d'eux, et dont ils ont fait la compagne de leur travail.

L'estrade commence à se garnir. Au centre s'asseyent les membres de l'Institut ; leurs broderies posent une teinte légère de vert sur la masse serrée de leurs habits sombres. Aux étudiants étrangers, désireux de voir tous ceux qui font honneur à la France, on montre : MM. Camille Doucet, Gaston Boissier, Jules Claretie, François Coppée, Ludovic Halévy, comte O. d'Haussonville, Leconte de Lisle, vicomte de Vogüé, membres de l'Académie française ; MM. Wallon, Barbier de Meynard, Bréal, Perrot, Ravaisson, de Rozière, membres de l'Académie des inscriptions et belles-lettres ; MM. Daubrée, Dehérain, Faye, Frémy, Grandidier, de Lacaze-Duthiers, membres de l'Académie des sciences ; MM. le vicomte Delaborde, Bailly, Chaplain, Chapu, Daumet, Ginain, Guillaume, membres de l'Académie des beaux-arts ; MM le comte de Franqueville, Levasseur, Zeller, membres de l'Académie des sciences morales et politiques.

Autour d'eux se placent la députation de l'Académie de Médecine ; la délégation du Conseil supérieur de l'Instruction publique ; M. Liard, directeur de l'Enseignement supérieur ; M. Rabier, directeur de l'Enseignement secondaire ; M. Buisson, directeur de l'Enseignement primaire ; M. Xavier Charmes, directeur du Secrétariat et de la Comptabilité au ministère de l'Instruction publique et des Beaux-Arts ; M. Larroumet, directeur des Beaux-Arts ; M. J. Comte, directeur des Bâtiments civils ; M. Félix Hémon, chef du cabinet du ministre de l'Instruction publique et des Beaux-Arts ; M. le comte d'Ormesson, directeur du Protocole au ministère des Affaires étrangères ; M. Alphand, inspecteur général, directeur des Travaux de Paris ; M. Amiable, maire du Vᵉ arrondissement ; MM. les Inspecteurs généraux de l'Instruction publique ; MM. les membres du Conseil académique.

L'entrée de M. Jules Ferry, ancien ministre de l'instruction publique, est saluée par des applaudissements chaleureux, bien faible récompense de tant de services rendus à l'agrandissement ou pour mieux dire à la création de l'Enseignement supérieur.

Enfin, aux accents de la *Marseillaise*, M. Carnot, Président de la République Française, entre au milieu du plus grand enthousiasme. Tout le monde se lève, et les bannières de toutes les Universités s'inclinent.

M. Carnot prend place au milieu de l'estrade, ayant à droite MM. Fallières, ministre de l'Instruction publique; amiral Krantz, ministre de la Marine; lord Lytton, ambassadeur d'Angleterre; général Menabrea, ambassadeur d'Italie; Chautemps, président du Conseil Municipal de Paris; Jules Ferry, ancien ministre de l'Instruction publique; Lozé, préfet de Police; Jacques, président du Conseil Général de la Seine. A gauche : MM. Spuller, ministre des Affaires étrangères; Rouvier, ministre des Finances; Le Royer, président du Sénat; Barbier, premier président de la Cour de cassation; Poubelle, préfet de la Seine; Jules Simon et Victor Duruy, anciens ministres de l'Instruction publique.

Le Président donne successivement la parole à M. Gréard, membre de l'Académie française, vice-recteur de l'Académie de Paris; à M. Hermite, vice-président de l'Académie des sciences, professeur à la Faculté des sciences de Paris; à M. Chautemps, président du Conseil Municipal de Paris, et à M. Fallières, ministre de l'Instruction publique et des Beaux-Arts.

M. Gréard, debout dans sa robe noire de recteur à ceinture violette, avec sa figure régulière, ses cheveux longs et légers, ses yeux voilés d'ombre sous leurs grandes arcades, prononce de sa voix claire, le discours suivant :

Monsieur le Président,

Au nom de l'Université de Paris, je vous remercie d'avoir bien voulu donner à cette solennité l'éclat et l'autorité de votre présence. Ce n'est pas seulement le premier magistrat de la République que nous sommes reconnaissants et fiers de saluer dans cette enceinte; c'est l'héritier d'un nom cher à la science et à l'enseignement; c'est l'homme qui, élevé au pouvoir par l'estime publique, personnifie la France dans sa droiture et sa loyauté.

Il y a quatre ans, presque jour pour jour, en posant la première pierre de la Sorbonne restaurée et agrandie, nous exprimions l'espoir que le centenaire de 1789

L'ESCALIER DE LA NOUVELLE SORBONNE.

en verrait l'inauguration. Grâce à la remarquable diligence avec laquelle les travaux ont été conduits, nous sommes prêts. Et parmi les satisfactions que nous devons à cette heureuse échéance, pourrais-je omettre le concours si empressé des représentants des Universités étrangères ? Saisissant l'occasion de l'Exposition universelle et de ses Congrès, ils ont eu à cœur de se joindre ici aux délégations des Universités françaises : qu'ils soient assurés que nous sentons tout le prix de ces gages de confraternité.

L'une des premières en date, sinon la première, l'Université de Paris fut, au moyen âge, la plus renommée sans contredit et la plus hospitalière. Les érudits du temps, qui, dans la recherche des origines, se piquaient moins d'exactitude que d'imagination, la considéraient comme la souveraine dépositaire des trésors de la science par droit régulier d'hoirie. « L'Université dont toutes les autres procèdent, écrivait l'évêque Tilon de Mersebourg, est celle de Babylone, fondée par Ninus ; à Babylone succéda la cité des Pharaons, Memphis ; à Memphis, Athènes, œuvre de Cécrops ; à Athènes, Rome ; à Rome, Paris. » Bologne était à juste titre en crédit pour l'enseignement du droit ; nul ne contestait à l'Université de Paris la suprématie dans les lettres sacrées et profanes. Dix collèges étaient groupés autour d'elle comme autour de la mère commune : collège de Danemark, collège des Anglais, collège des Écossais, des Allemands, des Lombards, des Grecs. Les rois y envoyaient leurs fils pour se former à la dialectique et aux belles façons. Du XIIIᵉ au XVIᵉ siècle l'Université de Paris a contribué à élever la plupart des hommes, poètes, savants, philosophes, venus des diverses régions du monde connu, dont la prostérité a conservé le souvenir ou consacré le nom : Guillaume Occam, « le docteur invincible », Raymond Lulle, Thomas d'Aquin, Benoît d'Anagni, le futur Boniface VIII, Brunetto Latini, l'un des maîtres du Dante, Dante lui-même, Thomas Morus, Érasme et bien d'autres. O ville unique, ô Paris sans égal, *Parisius sine pari*, s'écriait Lanfranc de Milan en se séparant de ses compagnons d'études ! On aimait « la parleur délitable » qui résonnait dans « ce gentil pays d'Université béni de Dieu ». On s'y sentait à l'aise surtout, parce qu'au témoignage unanime de ceux qui s'y rencontraient, l'amour de la vérité y était la seule règle et que chacun y jouissait de son droit. Il n'est pas téméraire de le dire : en un temps où la vie intellectuelle était enfermée dans les murs des écoles, l'Université de Paris a été le foyer de propagande le plus actif de l'esprit français.

De toute part aujourd'hui on célèbre les manifestations de l'esprit français dans les beaux-arts, l'agriculture, le commerce et l'industrie. N'est-ce pas ici plus particulièrement la fête de l'esprit français lui-même, tel que l'a fait, avec les dons de la race, l'éducation des siècles : mélange de sentiment et de raison, de grâce et de force, hardi à la fois et mesuré, libre et ordonné, expansif entre tous et profondément humain, ardent champion des nobles causes, — qu'elles le touchent de près ou de loin, — quelquefois même à ses dépens, ne s'imposant aux autres que par la confiance ou se faisant pardonner ses violences passagères par ses bienfaits durables ? Au moyen âge, c'est l'esprit français qui le premier inspire et qui presque seul soutient jusqu'au bout l'élan des Croisades, donne à l'enthousiasme religieux son plein essor, et du même coup ouvre à l'activité des peuples de l'Occident des voies nouvelles. C'est l'esprit français qui, au terme d'une lutte séculaire, retrouve

l'idée de la patrie, la réalise dans une vaillante et touchante image, et, par un effort
que la politique n'a plus qu'à consacrer, jette les bases de l'unité nationale. S'il
reçoit du dehors le souffle de la Réforme et de la Renaissance, avec quelle vigueur
il en traduit les aspirations les plus élevées! Quel réveil de l'antiquité, rajeunie et
épurée par le christianisme, que l'épanouissement des lettres françaises au
xviiᵉ siècle : épanouissement si riche et si brillant que, même après que s'est
éteint l'éclat de la gloire militaire qui en a pendant de longues années rehaussé le
prestige, le siècle, en sa fin désolée, conserve pour les contemporains comme
devant la postérité le nom rayonnant de Louis XIV! D'autre part, quelle puissance
dans le courant philosophique qui, traversant, sans s'y perdre, cette société hiérar-
chisée et pacifiée, ramène à la lumière, dès les premières années du siècle de Vol-
taire et de Montesquieu, les controverses de libre examen, et, avec elles, les idées
désormais impérissables de tolérance religieuse et d'équité sociale, de droit et
d'humanité! Jamais enfin l'âme d'un peuple trouva-t-elle une expression plus
généreuse du travail d'émancipation intellectuelle et morale accompli sur elle-
même que les principes de 1789, qui sont devenus comme la charte des nations
civilisées? Ce legs du passé imposait au siècle qui s'achève de grands devoirs. Il
n'y a point failli. Des événements mémorables en ont rempli, souvent illustré, parfois troublé douloureusement le cours. Il a connu les exaltations de la victoire et
les extrémités de la défaite. Il a vu s'écrouler toutes les formes de la monarchie, et
sur leurs ruines s'établir la puissance populaire, armée du suffrage universel. Pas
une question dans l'ordre politique, économique et religieux, qui ne soit aujour-
d'hui soulevée et dont la discussion ne projette ses doutes avec ses lumières sur le
fond même de l'organisation sociale. Mais si en aucun temps peut-être il n'a été
posé devant la raison publique de plus pressants, de plus redoutables problèmes, il
semble qu'en aucun temps non plus l'activité de l'esprit français n'ait été plus
intense, ni plus féconde. La philosophie sondant les mystères de l'être et de la
pensée; la poésie retrempée aux sources de la nature et des plus intimes émotions
de l'âme; l'histoire renouvelée par l'étude impartiale et sagace des documents et
des textes; le droit public et privé, chaque jour plus ouvert à l'esprit de la démocratie moderne, prêtant sa force au relèvement des humbles et à la protection des
petits; la science éclatant en merveilles, s'élevant par la puissance du calcul à la
connaissance d'un monde invisible, pénétrant par la subtilité de l'analyse les
secrets de la vie, prodiguant à l'industrie ses trésors; tous les sentiments, toutes
les passions, fouillées et mises à nu, au théâtre, dans le roman, dans la critique
littéraire, par l'observation d'une psychologie tranchante et impitoyable comme le
scalpel, — heureuse si, par excès de fidélité, elle ne semblait quelquefois oublier
l'art; la langue elle-même remise au creuset, fortifiée, aiguisée, façonnée à rendre
avec énergie ou délicatesse dans leurs nuances les plus diverses les idées qui nous
travaillent : voilà, parmi les malaises et les obscurités inséparables de toute évolution sociale, voilà l'héritage, appuyé sur des noms assurés de vivre, que notre âge
à son tour est à la veille de transmettre à l'avenir.

Jeunes gens, cet avenir, c'est à vous qu'il appartient, c'est vous qui le ferez.
Plus favorisés que vos aînés, rien n'est épargné pour vous préparer à payer votre
dette à l'humanité en même temps qu'à votre pays. « Ce qui a fait défaut à la France

d'avant 1789, écrivait Guizot en 1815, c'est une instruction supérieure qui eût permis de diriger la Révolution, sinon de la prévenir. » Aujourd'hui ni les chaires ne
manquent aux enseignements, ni les maîtres aux chaires, ni l'autorité du savoir et
du talent à ceux qui les remplissent. N'oubliez pas, mes amis, que c'est pour vous
qu'ont été créées et multipliées ces précieuses ressources. Travaillez à devenir
capables et montrez-vous toujours dignes d'en recueillir le bienfait. Soit que, pressés
par les nécessités de la vie, vous n'ayez que le temps d'acquérir une éducation pro-
fessionnelle, soit que l'ambition vous saisisse de devenir, vous aussi, des maîtres,
maintenez et propagez les traditions de l'esprit français. Portez haut l'objet de vos
pensées; aimez la science : elle est bonne conseillère. C'est une école de sincérité
et de respect. Comme la religion, elle a ses apôtres et ses martyrs. Elle inspire le
dévouement, elle prépare à tous les devoirs; et entre ceux qu'elle a rapprochés un
jour dans le sentiment d'une noble émulation pour le progrès des arts de la paix,
— je ne serai pas démenti par ces étudiants, vos camarades, qui de tous les pays
ont répondu à votre appel, — elle crée les liens d'une commune patrie.

M. Hermite expose ensuite l'histoire de l'enseignement mathéma-
tique à la Sorbonne. C'est une leçon de maître où le grand savant analyse d'abord les titres scientifiques de Lacroix, Poisson, Biot, Francœur,
Hachette, qui ont occupé à la Sorbonne, depuis 1809, les chaires de
calcul différentiel et de calcul intégral, de mécanique, d'astronomie,
d'algèbre supérieure et de géométrie descriptive.

Il parle ensuite de Sturm, qui a succédé à Poisson dans la chaire de
mécanique rationnelle, de Poncelet nommé en 1838 professeur de mécanique physique et expérimentale; de son successeur Delaunay, de Lever-
rier, de Lamé, Liouville, Serret, Duhamel, Chasles, Cauchy, Puiseux,
Briot et Bouquet.

Puis M. Chautemps, président du conseil municipal de Paris, portant
en sautoir l'écharpe bleue et rouge aux couleurs de la Ville, prend la
parole.

Au nom du Conseil Municipal, il affirme l'intérêt que portent à la
cause de l'enseignement supérieur les représentants de la population
parisienne :

Les sacrifices consentis pour la reconstruction de la Sorbonne sont à cet égard
le plus éloquent des discours; ils disent assez qu'à leurs yeux la puissance et la
prospérité d'un pays sont intimement liées au sort qu'il sait faire à ses savants,
à ses écrivains, à ses artistes, et que les sommes consacrées au développement des
hautes études ne se traduisent pas seulement en progrès industriels, mais aussi
en une élévation du niveau moral et intellectuel de la nation tout entière, qui centuple la valeur de l'individu et assure à un peuple l'avantage sur ses rivaux.

4

La ville de Paris a des ambitions plus hautes encore. Elle a déjà fondé à la Sorbonne un cours d'histoire. Elle va fonder à l'Hôtel de Ville toute une série de chaires d'enseignement populaire supérieur. Elle est toujours prête à faire pour les hautes études ce qu'elle a fait si largement pour l'instruction primaire.

Enfin le Président de la République donne la parole à M. Armand Fallières, ministre de l'Instruction publique et des Beaux-Arts.

M. Fallières exprime sa fierté de rappeler rapidement, devant un tel auditoire, le renouvellement de l'enseignement supérieur. C'est l'œuvre de la République la plus assurée du jugement de l'histoire. La démocratie française a reconnu dans la science « la grande ancêtre toujours féconde », sachant que l'idéal national devait, dans un gouvernement de suffrage universel, être communiqué à tous.

C'est l'œuvre collective « de tous ces ministres dont on sait les noms, et qui ont été, sans interruption et sans défaillance, les serviteurs d'un même dessein ». Les Facultés reconstruites, les laboratoires agrandis ou créés, les collections et bibliothèques enrichies, peuvent en témoigner.

D'ailleurs, cette nouvelle Sorbonne n'est-elle pas le plus parlant des témoins? Attendue et promise depuis un demi-siècle, la voilà, qui, sur le tracé d'un maître architecte, dresse enfin sa façade et son toit, d'un dessin si français, au cœur du quartier Latin, comme une métropole au milieu de nos autres écoles; la voilà qui enserre des deux bouts la vieille Sorbonne de Richelieu, d'un côté le palais, de l'autre l'atelier; la voilà qui étale, tout autour du petit coin de terre où fut autrefois « la très pauvre maison » de Robert de Sorbon, ses édifices multiples, magnifiquement parés par le génie de nos artistes.

Il faut en remercier d'abord la généreuse Ville de Paris, puis Bordeaux, Lyon, Toulouse, Montpellier, Lille, Nancy, Caen, Grenoble, Clermont, Rennes, Dijon, vaillantes cités, qui ont compris qu'elles avaient des devoirs envers la science, et qui toutes ont payé leur dette avec autant de libéralité que Paris.

Les Universités reprennent aujourd'hui le programme que la Révolution avait tracé : celui de grandes écoles encyclopédiques où toutes les sciences se fussent rencontrées, s'animant mutuellement dans une harmonie comparable à celle des lois de la nature et des facultés de l'esprit humain.

Les maîtres des Universités ont pris eux-mêmes l'initiative de leur réforme. Ils y ont été aidés par une administration soucieuse de ses devoirs envers le pays.

Les grands effets de cette évolution sont déjà visibles. C'est dans la France entière la « décentralisation scientifique ». C'est dans les Facultés une « concentration des forces ».

Longtemps, Messieurs, dit M. Fallières, vos compagnies ont porté ce vieux nom de *Facultés;* mais à ces Facultés il manquait d'être les puissances variées d'une même âme. Aujourd'hui les choses sont rentrées dans l'ordre naturel. Vous êtes devenues des personnes, et, tout en restant attachées à l'État, duquel vous ne voudriez pas plus vous séparer que l'État ne consentirait à se séparer de vous, vous avez acquis les attributions des personnes. Vous n'êtes plus simplement juxtaposées les unes aux autres; vous êtes devenues les organes d'un même corps, à la vie duquel vous concourez toutes, chacune pour sa part, et si ce corps n'a pas encore le nom qui lui convient, ce nom que je lis inscrit sur ces murs comme un appel et comme un gage, soyez sûres qu'il ne sera pas refusé, avec ce qu'il comporte, aux mieux faisants et aux mieux méritants.

Un des traits les plus saillants de cette métamorphose, un de ceux que je dois relever ici, car j'y vois avec vous un des signes les plus précieux de ce temps, une des raisons les plus solides de notre foi dans l'avenir, c'est la conscience collective qu'a prise d'elle-même notre jeunesse, au contact et sous l'action de ses maîtres.

Elle est ici, devant nous, notre jeunesse. Elle est ici, groupée non par accident et pour un jour, mais d'une façon durable. Elle est ici, telle que nous l'aimons, telle que nous la voulons, joyeuse, fière et réfléchie, passionnée pour la vérité, pour la liberté, pour la justice, pour la patrie.

Se tournant vers les Étudiants :

Vous serez, jeunes gens, l'élite de la nation. Vous aurez à votre tour, et bientôt, la charge de ce pays. Nous vous confions, en dépôt, comme à une garde d'honneur, le génie de la France. Chaque jour, vous le recevez, parcelle à parcelle, des leçons de vos maîtres.

Votre premier devoir sera de ne le laisser ni amoindrir ni dénaturer. Vous devrez aussi le développer et l'accroître. Vous êtes les fils d'un pays où une longue histoire a semé des germes vivaces de division. Vous allez arriver à la vie d'homme et à la vie publique au moment où se sont formées, autour de nous, des nations puissantes, animées d'une émulation redoutable.

Dites-vous bien, d'abord, que cette âme de la France, déposée dans vos âmes, exige la fin des querelles et des divisions, et qu'elle vous fournit le moyen d'en finir avec elles. Faites le compte de ce qu'elle contient de moral, sentiments et idées, l'honneur, la justice, la liberté, la tolérance, le respect de la personne humaine, et dites-moi s'il n'y a pas là, au-dessus de l'égoïsme des partis, une région supérieure de pensée et d'action, où tous les esprits, toutes les volontés, peuvent s'unir dans un commun amour de la vérité et de la patrie.

Dites-vous bien encore que cette âme de la France, votre sauvegarde au dedans, est aussi une de vos forces au dehors. On vous enseigne que du sein des nations il se dégage un ensemble de sentiments et d'idées qui constituent au-dessus d'elle la conscience de l'humanité. Cette conscience n'est l'œuvre exclusive d'aucune nation, mais toutes ont droit d'y réclamer une part.

La part de notre pays n'est ni petite ni périssable. Dans l'air que respire tout homme civilisé, il y a quelque chose de la France. Ce n'est pas en vain qu'elle a donné au monde cette double révélation : le *Discours de la méthode* et la Déclaration des Droits de l'homme.

Longtemps ce rayonnement au delà de nos frontières a fait notre ascendant. Nous lui devons d'être encore aujourd'hui autre chose qu'un poids ou un contrepoids dans l'équilibre instable des peuples. Vous lui devrez un renouveau de grandeur et d'éclat. Il y a là, ne l'oubliez pas, une force d'autant plus puissante qu'elle agit par attrait. Cette force, sachez vous en servir pour faire aimer notre patrie ; servez-vous-en pour gagner des cœurs à la France, et que les premiers gagnés soient ceux de ces jeunes hommes, vos camarades, appelés par vous de divers points du monde, et que nous saluons cordialement avec vous.

Jeunes Français, que par vous la France, le jour où vous aurez en main ses destinées, continue d'être, comme le veut son génie, libre, aimable, généreuse et humaine.

Et que nos hôtes ne voient pas dans ces paroles un souhait égoïste. Aimer la France, n'est-ce pas, en elle et au-dessus d'elle, aimer l'humanité ?

Un touchant incident suit l'hommage que M. Fallières rend aux ministres, ses prédécesseurs. Du fond de l'hémicycle, les Étudiants ne pouvant remercier tous ces ouvriers de l'œuvre commune, rendent hommage au premier d'entre eux, et poussent, au milieu de l'approbation générale, le cri plusieurs fois répété de : « Vive Duruy ! »

Après le discours de M. Fallières, la séance est levée aux accents de la *Marseillaise*, que tout le monde écoute, et que les Étudiants français et étrangers chantent, — debout.

Le cortège officiel se rend alors dans la salle du Conseil académique où un buffet a été dressé. Un salon a été réservé pour M. le Président de la République, à qui M. Gréard offre le Cartulaire de l'Université de Paris. M. Carnot remet la croix de commandeur de la Légion d'honneur, à M. Puvis de Chavannes, celle d'officier à M. Philippon, secrétaire de la Faculté des Sciences, et celle de chevalier au maître modeste et éminent qui occupe à la Sorbonne la première chaire française de Pédagogie, M. Henri Marion.

Le Président, reconduit par le Recteur, descend alors le grand escalier, au bas duquel se trouvent les Étudiants. Il fait appeler M. Georges Chaumeton, président de l'Association Générale des Étudiants de Paris, et, aux applaudissements de tous, lui attache à la boutonnière les palmes d'officier d'Académie, en lui disant : « Je vous remets ceci parce que vous êtes le chef de cette vaillante jeunesse. » Il passe ensuite sous un dais formé par toutes les bannières inclinées, et, cédant volontiers au désir

des Étudiants, se tient debout devant la porte de la Sorbonne, pendant
que les délégués de toutes les Universités de France et de l'étranger
défilent devant lui.

Après le départ du Président de la République Française, les Étudiants
montent à la salle du Conseil académique, où un lunch a été spécialement
préparé pour eux. Puis ils retournent à l'Association des Étudiants, où
des félicitations sont adressées à M. Chaumeton, qui remercie, en décla-
rant que l'honneur qu'on lui a fait, c'est à l'Association Générale des
Étudiants de Paris qu'on a voulu le faire.

DINER ET RÉCEPTION AU MINISTÈRE
DE L'INSTRUCTION PUBLIQUE

A l'occasion de l'inauguration de la nouvelle Sorbonne, M. Fallières,
ministre de l'Instruction publique, et Mᵐᵉ Fallières, ont reçu à dîner :
MM. Spuller, ministre des Affaires étrangères ; Faye, ministre de l'Agriculture ; le général Brugère, secrétaire général de la Présidence de la République ; Chautemps, président du Conseil municipal ; Mayer, syndic ; Poubelle, préfet de la Seine ; les directeurs de l'Enseignement ; le vice-recteur
de l'Académie de Paris et les recteurs des Académies de France ; le directeur de l'École Normale supérieure ; les doyens des Facultés et le président de l'Association des Étudiants de Paris, ainsi que plusieurs membres
du comité, MM. Chandebois, Demolon, Fouré, Heubès, Jeanmaire,
Revelin. Le dîner a été suivi d'une réception à laquelle étaient invités tous
les étudiants. Les plus grands noms de l'Université et des arts y ont été
annoncés. Dans le jardin, éclairé *a giorno* par des lanternes oranges sus-
pendues aux arbres et des guirlandes de verres de couleur disposées le
long des parterres et du bassin, la musique de la garde républicaine joue
des morceaux de Massenet, de Gounod, de Saint-Saëns. Des feux de Ben-
gale éclairent doucement de leur clarté verte, ou puissamment de leur lueur
rouge, l'orchestre, les promeneurs, et au fond le buffet, très fréquenté.

Vers dix heures, un orchestre commence à jouer des valses. Dans les
salons, on danse. La famille du ministre est restée gracieusement jusqu'à
la fin de la fête, tandis que M. Fallières s'entretenait cordialement avec
les étudiants.

REPRÉSENTATION DE GALA

OFFERTE AU SHAH DE PERSE A L'OPÉRA

(Mardi 6 Août.)

Les chefs des Délégations étrangères ont été invités à la représentation de gala offerte au shah de Perse.

Le Président de la République, accompagné de Mme Carnot, est entré dans sa loge à neuf heures. Nass'r-ed-din est arrivé ensuite, en uniforme constellé de diamants, portant un sabre dont le fourreau et la poignée étaient entièrement recouverts de rubis, de perles et de diamants.

La représentation comprenait le deuxième acte du *Cid,* de Massenet, et des fragments du ballet de la *Tempête*, par Ambroise Thomas.

VISITE A L'INSTITUT PASTEUR

(*Mercredi 7 Août.*)

———

Le 7 août, à neuf heures, deux mille Étudiants partaient de l'Association : en tête, les étudiants des États-Unis portant le drapeau semé d'étoiles; ceux de la Norvège avec un étendard bleu coupé de bandes rouges; ceux de Roumanie avec leur bannière bleue, jaune et rouge; puis venaient Edimbourg, avec le drapeau blanc brodé de figures d'or; Cambridge, Oxford, Bologne; Bâle, avec le drapeau à larges bandes blanches et noires; la Hongrie, Athènes, Padoue, Pise, le Danemark, Liège, Bruxelles, et enfin les Étudiants des Universités françaises. Au milieu des délégations étrangères flottait le drapeau de l'Association Générale des Étudiants de Paris.

Le cortège a suivi la rue des Écoles, le boulevard Saint-Germain et la rue de Rennes. A la hauteur de l'Église Saint-Germain-des-Prés, les Étudiants hongrois ont entonné la *Marseillaise*, aux applaudissements de la foule.

A l'Institut Pasteur, M. Pasteur attend sur le perron, entouré de MM. Liard, directeur de l'Enseignement supérieur, Lavisse, docteurs Roux et Chantemesse.

Les délégations se rangent en bas du perron, drapeaux en tête. M. Chaumeton, président de l'Association de Paris, adresse la parole à M. Pasteur en ces termes :

Cher et illustre Maître,

Les Étudiants de France, réunis à Paris, vous présentent l'hommage de leur admiration, de leur respect, de leur gratitude pour l'honneur que votre gloire fait rejaillir sur notre pays. Les Étudiants des Universités étrangères ont voulu joindre leur hommage au nôtre.

Le jour où l'Institut Pasteur a été inauguré, vous disiez, dans une de ces harangues où vous atteignez sans effort et par l'élan naturel du génie à la plus haute éloquence : « La science n'a pas de patrie, mais le savant en a une. »

Non, la science n'a pas de patrie. Mais pourtant, partout où elle est cultivée, elle sert une patrie. Elle n'a point fait les frontières entre les peuples, mais elle arme et défend ces frontières. Elle embellit et améliore l'humanité; mais elle sert aussi les passions des hommes. Elle guérit mais elle blesse, comme la lance du héros d'Homère.

Dans vos mains, cher et illustre Maître, la science ne sait que guérir.

C'est pourquoi votre nom est grand entre tous. C'est pourquoi l'Institut Pasteur a été fondé avec le concours de toutes les nations civilisées. C'est pourquoi les Étudiants de *tous les pays* vous honorent et vous saluent aujourd'hui.

Vous nous voyez tout joyeux devant vous. Nous sommes heureux que nos camarades étrangers aient répondu avec tant d'empressement à notre appel. Quelques journées ont suffi pour faire de ces camarades des amis. Nous aimons leurs patries d'où ils nous ont apporté des témoignages cordiaux de fraternité. Le temps n'est plus où le patriotisme se croyait obligé de dénigrer l'étranger et de lui souhaiter tous les maux.

Décidés que nous sommes à dépenser au service de la France toute l'énergie de nos âmes et, s'il le faut, toutes les gouttes de notre sang, nous acceptons la doctrine de la concurrence entre les peuples. Nous la voulons forte et ardente. Nous souhaitons à tous la paix, la joie et la prospérité.

Il est un point cependant où nous ne voudrions être dépassés par personne. Nous ne voudrions pas qu'aucun peuple fût plus humain que la France. Et cela ne sera point tant qu'elle aura des hommes comme vous.

A l'un des maux les plus terribles qui puissent tourmenter un homme avant de le tuer, à la rage, l'ancienne thérapeutique n'opposait d'autre remède que le fer et le feu. Ce sont justement les moyens qu'emploie l'ancienne politique. Cher Maître, nous savons bien que l'ancienne politique n'a pas dit son dernier mot. Mais nous sommes fiers que la thérapeutique par le fer et par le feu ait été vaincue par vous et que les mains qui guérissent si doucement la rage, ces mains vraiment humaines, soient des mains françaises.

De chaleureuses acclamations ont salué les dernières phrases de ce discours.

Une vive émotion s'est emparée de tous les assistants quand le savant s'est apprêté à répondre. Sa voix tremblait un peu.

Mes chers amis, a-t-il dit, avant-hier, à la Sorbonne, lorsque vous acclamiez avec l'enthousiasme de la jeunesse tous ceux qui vous ont préparé les merveilleuses ressources du travail, je me disais que non seulement vous donniez un admirable spectacle de reconnaissance, mais que vous provoquiez encore un phénomène singulier, celui d'embarrasser vos maîtres qui ne savent comment vous remercier.

Les rôles sont intervertis. C'est vous qui semblez couronner vos professeurs.

Dans ce désir de faire éclater vos sentiments de gratitude, vous venez jusqu'ici m'apporter vos vœux et fêter ma cinquantaine d'Étudiant. Je vous remercie de tout mon cœur.

Je vous remercie plus particulièrement, vous, les délégués des Universités étrangères qui, depuis votre arrivée à Paris, donnez à la France des témoignages de sympathie que la France voudrait vous rendre au centuple, mais qu'elle n'oubliera jamais. Je salue respectueusement vos bannières, emblèmes de vos patries.

Un tonnerre d'applaudissements s'est élevé à ces dernières paroles. Le défilé des Délégations étrangères a eu lieu ensuite.

A onze heures, la cérémonie était terminée. Une dernière fois, les deux mille Étudiants présents ont acclamé M. Pasteur, qui, très ému, s'est retiré dans ses appartements.

Les étudiants ont enfin visité l'Institut sous la direction des professeurs.

SOIRÉE AU THÉÂTRE DU PARADIS-LATIN

Après le dîner, l'Association Générale a offert à ses hôtes une soirée organisée par M. Rosnoblet, ancien vice-président du Comité, au théâtre du Paradis-Latin. Pendant la première partie de cette soirée on a longuement applaudi M. Coquelin cadet dans « Rien », « le Chirurgien du *Roi s'amuse* », « le Plaidoyer », « l'Exposition »; MM. Truffier, Laugier, Albert Lambert fils, de la Comédie-Française; Mmᵉ Molé-Truffier et Mᵗᵗᵉ Marcolini, MM. Barnolt et Gibert de l'Opéra-Comique, la jeune violoniste Marcolini, et le poète ordinaire de l'Association, Xanrof, qui a dit : « Abélard », « le Fiacre », « le Rassemblement ». Dans la deuxième partie de la soirée, très originale, les Étudiants étrangers ont dansé des pas nationaux et chanté des hymnes patriotiques qu'on a écoutés tête nue.

Enfin on a organisé un petit bal qui ne s'est terminé qu'à l'aube.

REPRÉSENTATION DE GALA

A LA COMÉDIE-FRANÇAISE

(Jeudi 8 Août.)

M. Jules Claretie, de l'Académie française, administrateur général de la Comédie-Française, a offert en matinée à l'Association des Étudiants et à ses hôtes une représentation de gala. On jouait le *Cid*, de Corneille, avec MM. Mounet-Sully, Silvain, Martel, Dupont-Vernon; Mmes Dudlay, Hamel, Hadamard et Du Minil; — et les *Précieuses ridicules*, de Molière, avec MM. Coquelin cadet, Boucher, Truffier; Mmes Kalb, Ludwig et Frémaux.

On remarquait dans la salle les directeurs de l'Enseignement, les Doyens des Facultés, un grand nombre d'Inspecteurs généraux et de professeurs, MM. Jules Ferry et Yves Guyot. Dans les rangs de fauteuils d'orchestre, réservés aux Étudiants étrangers, on se montrait les délégués de l'Université d'Agram et M. Senoa Aurel, *doctorandus,* coiffé du bonnet national rouge soutaché de ganses noires, avec l'écharpe tricolore et l'antique devise : *Begi i Hrvati* (Dieu et les Croates), ainsi que MM. Eugenio Jacchia et Guido Podrecca, délégués de Bologne; Arturo Fusarini, de Padoue; Bosanquet, du Trinity College de Cambridge; Newton, du Rings College; Antonio Javanielli, de Pavie; Spirito Migliore, de Turin; Giuseppe Pimino, de Palerme; Antonio Corbi, de Naples; Charles Vesely, de Prague; Euren, d'Upsal; Willian Kinmont, d'Édimbourg; le baron Hugold von Schwerin, professeur agrégé de l'Université de Lund; Nyholm, de Copenhague; Broteur, de Montréal, et les Étudiants russes de Pétersbourg et de Karkoff.

Le plus grand enthousiasme n'a cessé de régner. Après le dernier acte du *Cid*, les interprètes ont été rappelés trois fois. Après le *Cid*, le rideau s'est relevé pour montrer les bustes de Molière et de Corneille, qu'entouraient dans le costume de leurs principaux rôles les artistes de la Comédie.

M. Albert Lambert fils, en habit noir, s'est avancé jusqu'à la rampe, et a lu la poésie suivante :

A NOS HÔTES

Dans le grand drame de Shakspeare,
Hamlet, voulant leur faire honneur,
A ses comédiens vient dire :
Salut, Messieurs, dans Elseneur.

A leur tour, — troupe hospitalière, —
A vous, leurs amis inconnus
Les comédiens de Molière
Disent : Soyez les bienvenus !

Au milieu du bruit et des fêtes
Du grand labeur industriel !
Il était bon que les poètes
Eussent leur rôle essentiel ;

Car, dans sa tâche opiniâtre,
Son drame aux cris universels,
Ce qu'expose aussi le théâtre,
C'est la Vie et l'Art éternels !

Dans son creuset fond l'égoïsme
Au feu qu'allument tour à tour
Hugo, qui nous dit l'héroïsme,
Racine, qui nous dit l'amour.

Nous pouvions au trésor immense
Choisir, puiser à pleines mains ;
Sans fin le drame recommence
Et le *Cid* a ses lendemains.

Mais deux feuillets de notre Livre
Suffisent à tout contenir :
Molière nous apprend à vivre
Et Corneille enseigne à mourir !

Mourir ?... Vivez pour la Science !
Elle marche : suivez ses pas !
Une belle et noble existence
Vaut bien, Corneille, un beau trépas.

Prêts à tomber avec courage,
Nous voulons, — beau rêve imposteur ! —
Tuer la haine après la rage
Et que la guerre ait son Pasteur.

O fleur de l'Europe qui pense,
Il est à Paris, ce vainqueur,
Et notre Paris, c'est la France,
Son cerveau, son âme et son cœur !

Allez et dites à vos mères —
— Patrie et mères, c'est tout un —
Qu'au-dessus des bruits éphémères
Du choc politique importun,

Cette France qu'on calomnie,
Dont on fait un épouvantail,
Donne en mots d'ordre à son génie :
Liberté, Paix, Amour, Travail.

Que ce soit votre idolâtrie !
Ayons un idéal pareil,
Comme au-dessus de la Patrie
Brille, unique, un même soleil !

Que vos bannières fraternelles,
Qui s'agitent avec fierté,
Gardent intactes, immortelles,
Ces paroles de liberté !

Soldats de l'Art, de la Science,
Que, dans le lointain avenir,
De nos vœux et de notre France
Vous conserviez le souvenir ;

Que, laissant siffler les couleuvres, —
Vos étés vaillent vos printemps
Et réalisent dans vos œuvres
Les beaux rêves de vos vingt ans !

Au nom de Pasteur, des cris d'enthousiasme s'élèvent de toute part. Les Étudiants applaudissent et jettent leurs bonnets en l'air. Le grand savant, qui assiste à la représentation, cache avec émotion son visage dans ses mains.

A la fin de la poésie, on crie : « L'auteur! l'auteur! » — « Les vers que je viens d'avoir l'honneur de réciter devant vous, dit alors Albert Lambert fils, sont de M. Jules Claretie, administrateur général de la Comédie-Française. » A ces mots on applaudit de nouveau.

La représentation des *Précieuses ridicules* n'a été qu'un éclat de rire, de ce rire homérique, que les banquets des Dieux seuls ont connu. Elle a justifié pour sa part l'heureux choix qui offrait aux hôtes de la France le drame héroïque de Corneille et la farce sensée de Molière.

Après la représentation, le président de l'Association Générale des Étudiants de Paris a respectueusement offert des fleurs à Mme Claretie au nom des Étudiants.

RÉCEPTION A L'HÔTEL DE VILLE

La municipalité de Paris a reçu dans les salons de l'Hôtel de Ville les membres des congrès scientifiques et les Étudiants français et étrangers.

La façade de l'Hôtel de Ville était illuminée et resplendissait toute blanche, avec ses hauts toits français surmontés d'hommes d'armes dorés, ses statues d'échevins et de grands hommes, élégante et grande comme son histoire. Une foule nombreuse stationnait sur la place et acclamait à leur passage les délégations d'Étudiants étrangers. En haut du grand escalier, les bureaux du conseil recevaient les invités, dont le nombre était considérable. Huit mille invitations avaient été lancées. Notons au passage quelques noms : MM. Mesureur, député; Poubelle, préfet de la Seine; Peyron, directeur de l'Assistance publique; Brown-Séquard, Ricord, Brouardel, Dujardin-Beaumetz, Frédéric Passy, Armand Renaud, Lavisse.

A dix heures un quart environ, on annonce l'arrivée de M. Pasteur, que M. Stupuy, conseiller municipal, était allé chercher, et dont la place était tout indiquée dans un telle fête.

M. Chautemps va recevoir l'illustre savant dans son cabinet particulier, et, après quelques minutes de cordial entretien, M. Pasteur, appuyé sur le bras de M. Chautemps, fait son entrée dans les salons pendant que la Garde joue la *Marseillaise,* comme à l'entrée d'un chef d'État. Les invités, massés sur son passage, le saluent respectueusement et l'acclament. L'aspect des salons est très brillant. Au milieu des habits noirs éclatent les costumes des étudiants étrangers et les toilettes claires des dames, très nombreuses.

Dans la salle des Fêtes, la musique de la Garde républicaine est installée, tandis que dans le salon à arcades un concert symphonique est exécuté sous la direction de M. Danbé, chef d'orchestre de l'Opéra-Comique.

Dans la salle Saint-Jean, où joue la musique du 103ᵉ régiment de ligne, est installé le fumoir. Sur des tables établies dans toute la longueur de la salle et couvertes de nappes blanches, sont posés des tonneaux dont les maîtres-d'hôtel tirent la bière fraîche. La gaîté va de l'un à l'autre avec la bière et la fumée. Ce sont des toasts à toutes les nations, où la Russie n'est pas oubliée. La musique a joué l'hymne national slave : *Dieu protège le tsar*. On crie : « Vive la Russie ! » et on porte en triomphe un Étudiant russe.

Vers onze heures et demie, avant de se retirer, M. Pasteur fait une dernière promenade à travers les salons. Les mêmes ovations le saluent.

La réception ne s'est terminée qu'à une heure du matin.

RÉCEPTION

DES

ÉTUDIANTS ANGLAIS ET AMÉRICAINS

CHEZ M. BELJAME

(Vendredi 9 Août.)

———

M. Beljame, professeur à la Faculté des lettres et Mme Beljame ont reçu les Étudiants anglais et américains invités à Paris, qui ont été très touchés de l'accueil cordial qui leur a été fait.

Ils se sont certainement sentis dans un milieu ami en voyant les tentures du salon qui portent brodées les armes des Universités anglaises. Les conversations joyeuses, — toujours en anglais, — n'ont été interrompues que par les toasts. M. Beljame, dans un petit discours en anglais très applaudi, a souhaité la bienvenue aux Étudiants d'Outre-mer et a rappelé le gracieux accueil qu'il avait reçu à Oxford et à Cambridge, comme représentant du Ministre de l'Instruction publique. Il a bu à la Reine d'Angleterre et au Président des États-Unis. Les hurrahs britanniques et les acclamations américaines lui ont répondu. On a porté alors des toasts au Président de la République Française, à M. et à Mme Beljame, aux Universités américaines, à la Nouvelle Sorbonne. Puis les Étudiants d'Edimbourg ont entonné la chanson universitaire : *For he's a jolly good fellow.*

RÉCEPTION

MINISTÈRE DES TRAVAUX PUBLICS

———

M. Yves Guyot, ministre des Travaux publics et Mme Yves Guyot ont offert le soir un dîner aux membres du Congrès pour l'avancement des sciences. Parmi les convives se trouvaient MM. de Lacaze-Duthiers, président de l'Association pour l'avancement des sciences; Cornu, vice-président; Ragona, directeur de l'observatoire de Modène; Franchimont, recteur de l'Université de Leyde; Hugo-Sylek, directeur de l'Observatoire de Stockholm; Valdemar-Schmidt, professeur à l'Université de Copenhague; docteur Szabo, Raffalowich, conseiller d'État au ministère des finances de Russie; Charles Grad, député d'Alsace au Reischtag; Frédéric Passy, De Brazza.

A la réception qui a suivi le dîner se sont rendus en grand nombre les Étudiants français et étrangers. Un concert, dont voici le programme, a été donné par les artistes de l'Opéra-Comique :

PREMIÈRE PARTIE

1° *Vêpres Siciliennes* . . . . Verd
    M. FOURNETS.

2° *Les Dragons de Villars*. . . . . A. Maillard.
    Mlle J. NARDI.

3° Air de *Joseph*. . . . . Méhul.
    M. SALÉZA.

4° Air du *Domino noir*. . . . . Auber.
    Mlle C. MÉZERAY.

5° *Chanson du blé* . . . . V. Massé.
    M. FUGÈRE.

6

6° { a. *Manon*. . . . . } J. MASSENET.
   { b. *Pensée d'Automne*. . . . . }
      Mlle SYBIL SANDERSON.

7° Cantilène de *Lakmé* . . . . L. DELIBES.
      M. DUPUY.

8° *Les Enfants*. . . . . J. MASSENET.
      M. BOUVET.

DEUXIÈME PARTIE

1° Aubade du *Roi d'Ys* . . . . E. LALO.
      M. SALÈZA.

2° { a. *Bonjour Suzon*. . . . . E. BOURGEOIS.
   { b. *Sérénade*. . . . . F. THOMÉ.
      Mlle J. NARDI.

3° Duo de la *Flûte enchantée*. . . . . MOZART.
      Mlle C. MÉZERAY, M. FUGÈRE.

4° *Esclarmonde* . . . . J. MASSENET.
      Mlle SYBIL SANDERSON.

5° Duo des *Pêcheurs de Perles*. . . . . G. BIZET.
      M. DUPUY, M. BOUVET.

6° Couplets de *Vulcain*. . . . . C. GOUNOD.
      M. FOURNETS.

7° Quatuor de *Rigoletto*. . . . . VERDI.
      Mlles MÉZERAY, NARDI, MM. DUPUY, BOUVET.

La Marseillaise.

Dans les jardins un orchestre tzigane exécutait ses motifs les plus charmants. La fête s'est terminée par une retraite aux flambeaux dont le point d'arrivée a été l'Association des Étudiants.

COUR DE LA VIEILLE SORBONNE.

LECTURE DES ADRESSES

DES

ÉTUDIANTS FRANÇAIS ET ÉTRANGERS

(Samedi 10 Août.)

———

A deux heures les Étudiants se sont rendus, drapeaux et bannières déployés, au grand amphithéâtre de la vieille Sorbonne où les délégations ont lu des adresses de remerciements pour l'hospitalité que leur a offerte l'Association Générale des Étudiants de Paris.

M. Chaumeton, président du Comité de l'Association Générale des Étudiants de Paris, entouré du bureau du Comité, et assisté de MM. Eisenmann et Letailleur, secrétaires, préside la séance. Il donne d'abord la parole à M. Jeanmaire, vice-président du Comité, qui s'exprime en ces termes :

Messieurs les délégués, chers camarades,

Au nom du Comité de l'Association, je vous remercie d'être venus en foule à cette première assemblée générale d'Étudiants, et vous souhaite à tous la bienvenue.

Nous avions invité à nos fêtes universitaires tous les Étudiants de Paris, toutes les Universités de France, et toutes celles des Universités étrangères qui entretiennent avec nous des relations d'amitié : partout nos invitations ont été accueillies avec un véritable enthousiasme. Aussi aurions-nous manqué aux devoirs les plus élémentaires si nous avions négligé de vous offrir à tous l'hospitalité la plus large et la plus cordiale. Vous n'avez point attendu cette réunion pour vous convaincre de nos sentiments à votre égard : dès votre arrivée parmi nous, vous avez pu juger de l'orgueil que nous causait votre présence à Paris, et de tous les soins que nous allions prendre pour vous préparer une réception digne de vous. Je ne ferai donc aujourd'hui que vous confirmer dans des pensées qui sont déjà les vôtres, en vous assurant à nouveau de l'émotion que nous éprouvons en vous voyant ici. (*Applaudissements.*)

Depuis quatre ans que l'Association existe, elle n'a cherché qu'un but : établir entre les Étudiants de tous les pays du monde des liens de confraternité, en laissant de côté les problèmes décevants de la politique, et en se fondant uniquement sur le caractère universel de la science.

Elle s'est adressée d'abord aux Étudiants de Paris, et s'est efforcée de leur faire comprendre que les petites rivalités d'école à école devaient disparaître, pour faire place à une alliance étroite entre tous les membres de l'Université. Cette union, en même temps qu'elle faciliterait les rapports entre les maîtres et les élèves, devait donner à ces derniers les moyens de se mieux connaître et leur assurer une représentation autorisée à parler en leur nom. De ce côté, mes chers camarades, vous le savez déjà, l'Association a pleinement réussi : elle a su triompher de l'indifférence et de la mauvaise volonté, persuader les plus pessimistes, amener à elle les plus récalcitrants, grâce à l'appui éclairé qu'elle a de tout temps trouvé auprès du ministère de l'Instruction publique et du Conseil municipal de Paris, grâce surtout à l'intérêt que lui ont témoigné dès l'origine les professeurs les plus illustres et les plus aimés de notre grand corps enseignant. (*Applaudissements.*) Le nombre des adhésions à nos statuts va, tous les jours, croissant, et, si cette progression continue, l'Association comptera bientôt parmi ses membres tous les Étudiants de Paris. Cette espérance a pris chez nous une nouvelle force depuis le commencement de ces fêtes, où nous avons vu figurer, avec un vif sentiment de satisfaction, bon nombre de ceux qui ont négligé, jusqu'alors, de venir se faire inscrire à notre siège social : nous croyons qu'ils auront appris, à cette occasion, à nous juger avec impartialité, et qu'ils auront compris la nécessité d'une association d'Étudiants, et les services qu'elle peut rendre. En attendant qu'ils soient des nôtres, nous leur adressons ici nos remerciements les plus sincères pour l'éclat qu'ils ont apporté à toutes nos réunions et pour le zèle avec lequel ils nous ont aidés à recevoir noblement nos hôtes.

Nous avions donc, très peu de temps après notre fondation, conquis déjà les Étudiants de Paris; c'était beaucoup, mais ce n'était pas assez pour nous, car nous avions de très hautes ambitions : cette organisation que nous avions réussi à faire adopter par Paris, nous voulions l'étendre à la province, afin de compter dans toutes les villes universitaires des camarades avec lesquels nous pussions être en relations constantes. Deux villes de France avaient eu le bonheur de posséder avant nous leur Association d'Étudiants, c'était Lille et Nancy. Pour nous soutenir dans nos débuts, elles nous avaient envoyé un des leurs, dont le nom nous est resté cher, Leclaire, de Nancy (*applaudissements*), qui par sa chaude parole et sa conviction profonde contribua pour une large part à nous gagner les cœurs et à nous concilier les esprits. Ce que ces villes avaient fait pour Paris, nous le fîmes à notre tour pour un grand nombre d'Universités, et notamment pour Lyon, dont l'Association aujourd'hui florissante a reçu de M. le Président de la République une haute consécration par la remise du magnifique drapeau que nous saluons ici. Peu à peu, l'initiative privée vint à notre aide : nos camarades de province nous demandaient de toute part nos statuts, afin de fonder une Association semblable à la nôtre : et maintenant, dans toutes les villes de France qui comptent une école supérieure, les Étudiants fraternisent dans une même société. Il vous appartenait, à vous, messieurs les délégués de province, de mettre la dernière main à l'œuvre patriotique de l'union des Étudiants français, en venant l'affirmer à la face de tous par votre présence à l'inauguration de cette nouvelle Sorbonne : vous l'avez fait d'une manière si éclatante, en accourant avec empressement de toutes les villes de France, que désormais le doute n'est plus permis pour personne. Tous savent maintenant que les Étudiants d'Aix, d'Alger, d'Amiens, de Besançon, de Bordeaux, de Caen, de Dijon, de Grenoble, de Lille, de Limoges, de Lyon, de Marseille, de Montauban, de Montpellier, de Nancy, de Nantes, de Poitiers, de Rennes, de Toulouse et de Tours ne forment qu'une seule famille dans laquelle règne une entente admirable, une harmonie parfaite. C'est un fait acquis dont toute la gloire vous revient : honneur à vous au nom des Étudiants de Paris, merci au nom de la France.

Un autre fait se dégage de ces fêtes, non moins évident, non moins cher à notre patriotisme : c'est que les esprits chagrins qui vont partout répétant que notre généreuse France a perdu dans l'Europe et dans le monde l'estime et l'amour des peuples intelligents se trompent étrangement. Nous avions déjà relevé cette erreur, en revenant des deux voyages que nous avons accomplis hors de France, en revenant de Bruxelles et de Bologne. A Bruxelles, où nous avions été conviés en 1884, pour célébrer le premier cinquantenaire de l'Université bruxelloise, nos délégués furent traités en frères par nos camarades belges qui n'ont cessé depuis d'entretenir avec nous les relations les plus amicales et qui nous ont donné une nouvelle preuve de leur affection en répondant en si grand nombre à nos dernières invitations. L'année dernière, à Bologne, l'accueil réservé à nos délégués par nos camarades italiens dépassa toute attente : la réception fut si chaleureuse, l'enthousiasme si grand que nous craignons d'être restés les débiteurs des Italiens nos hôtes, et de n'avoir point fait pour eux, en dépit de tous nos efforts, ce qu'ils firent pour nos représentants en 1888. Aujourd'hui ce ne sont pas seulement les Étudiants des deux nations voisines qui ont tenu à nous témoigner leurs sympathies : ce sont pour le Nouveau Continent les Étudiants des États-Unis et du Canada, les Étudiants des Républiques et des États de l'Amérique du Sud, et pour l'Ancien Monde, sans oublier les Étudiants de la Chine et du Japon, ceux de presque toutes les Universités de l'Europe : l'Angleterre et l'Écosse, l'Autriche, la Hongrie, la Pologne, la Finlande, la Grèce, la Hollande, l'Italie, la Norvège, le Portugal, la Roumanie, la Russie, la Suède et la Suisse ont été brillamment représentés à nos fêtes. A vous, messieurs les délégués de toutes ces Universités, nous exprimons notre profonde reconnaissance pour l'honneur que vous avez fait à notre pays en acceptant d'en visiter les merveilles. Puissiez-vous, Messieurs, remporter dans vos nations respectives un bon souvenir de la France, un bon souvenir des Étudiants français. Puissiez-vous répondre partout, à ceux qui nous dénigrent, qu'il existe en France une jeunesse chaude et vibrante, passionnément éprise des sciences, des lettres et des arts, prête sans doute à verser son sang pour défendre l'intégralité de la patrie, mais prête aussi à ouvrir ses bras à tous les peuples, sans distinction d'origine ni de race, quand ils ne placent pas leur orgueil dans la force brutale, et qu'ils prisent par-dessus tout les bienfaits du Travail, de la Justice et de la Paix. (*Applaudissements répétés.*)

Si, comme nous l'espérons, telle est l'impression que vous remportez de votre voyage, ne craignez pas de l'affirmer hautement, car elle est vraie : vous rendrez ainsi, en rétablissant les faits dans leur scrupuleuse exactitude, un grand service à notre chère patrie, et aussi, nous en avons la conviction, un grand service à la civilisation.

Quant à vous, mes chers camarades, membres de l'Association, vous voyez que vos efforts à tous ne sont point restés stériles ; vous étiez hier un petit nombre, en butte aux attaques du grand nombre : vous êtes aujourd'hui les maîtres, et les maîtres incontestés de la place ; vous aspiriez à l'honneur de représenter les Étudiants de Paris : vous l'avez fait, et vous l'avez si bien fait que personne d'entre eux n'a songé à vous disputer ce droit, et que tous au contraire ont applaudi ou participé aux fêtes que vous aviez organisées en leur nom. Vous vouliez créer entre tous les Étudiants de France des liens puissants de camaraderie et de fraternité : c'est chose accomplie ; vous aviez conçu l'audacieux projet de grouper autour de vous dans cette glorieuse année les Étudiants des nationalités les plus diverses, et ce projet qui faisait hocher la tête aux plus optimistes s'est réalisé. Et vous avez ainsi, à force de travail et de patience, atteint le noble idéal que vous vous étiez proposé.

Une première récompense vous a été déjà décernée : notre Association a été promue à la dignité d'officier d'Académie en la personne du président de notre Comité, de notre cher camarade Chaumeton : nul mieux que lui, vous le savez, n'avait mérité cet honneur, car il est un de ces ouvriers de la première heure dont le dévouement ne s'est jamais démenti, car c'est surtout à son activité infatigable que nous devons ces fêtes dont il a élaboré le programme et réglé tous les détails. (*Applaudissements.*)

Une autre récompense, plus générale, nous attend : vous la trouverez dans les excellentes relations qui vont se nouer définitivement entre nos hôtes et nous ; nous avons en effet la ferme espérance que ces grandioses assises d'Étudiants porteront leurs fruits et créeront entre tous ceux qui y ont pris part des liens durables d'amitié : nous appelons de tous nos vœux cet échange continuel d'impressions et de communications scientifiques ou littéraires entre les Étudiants du Monde entier et notre Association. Et si nous obtenons encore ce résultat après tant d'autres, si nous parvenons à établir d'une façon stable entre les peuples civilisés un contact si nouveau et si fécond, nous pourrons nous rendre cette justice que nous aurons agi en dignes fils de nos ancêtres de 1789 et que nous aurons dignement célébré, dans la mesure de nos moyens, le glorieux centenaire de la Révolution Française.

Après ce discours, fréquemment interrompu par des applaudissements unanimes, M. Newton, délégué de Cambridge, prend la parole en ces termes :

Messieurs,

Ce fut avec une grande joie que nous reçûmes l'invitation des Étudiants de Paris aux fêtes d'inauguration de la Nouvelle Sorbonne, joie à laquelle nous nous livrions d'autant plus volontiers que nous y voyions le signe d'un état de choses tout nouveau.

Vraiment le temps est bien passé où les nations de la terre se regardaient entre elles avec colère et méfiance. Nous vivons, chers camarades, dans un âge meilleur ; nous vivons pour voir s'unir dans les mêmes sentiments de mutuelle affection les nations qui pendant des centaines d'années ne rêvaient que carnage et extermination et comblaient l'Europe de sang et de misères ; pour voir le spectacle inouï et qui serait incroyable, s'il n'existait pas devant nos yeux, d'une réconciliation complète entre toutes les nations de l'Europe, non pas dans un empire universel, ni dans une fédération de tous les peuples, mais sous l'autorité suprême des sciences et des arts.

Nous voyons dans cette assemblée chaque pays représenté par ces jeunes hommes de vingt ans auxquels, comme le disait notre lord Beaconsfield, l'avenir des nations appartient de droit. Nous les voyons unis dans un sentiment unanime d'affection et de respect pour cette grande Université, la mère de tant de savants, la mère, ce qui est bien plus encore, de tant de bienfaiteurs de leur patrie, c'est-à-dire du monde entier.

Car c'est là l'enseignement que nous devons retirer de ces fêtes qui réunissent autour de l'Université de Paris les Universités du monde entier, qu'il n'y a qu'une vraie nation, la nation de l'humanité ; une vraie république, la république des cœurs humains. « Les histoires, a dit Bossuet, seront abolies avec les empires, et il ne s'y parlera plus de tous ces faits éclatants dont elles sont remplies. » Mais si les empires doivent disparaître, si les gouvernements de maintenant sont destinés finalement à s'abîmer dans le néant, il restera toujours l'empire universel de la paix, de la science et de la liberté. (*Applaudissements.*)

J'ai le devoir de vous dire encore un mot que j'ai gardé pour la fin. Au nom de l'Angleterre, je voudrais vous assurer que les querelles qui ont si souvent troublé l'harmonie entre nos deux peuples sont des choses du temps passé. Nous nous sommes trop battus pour ne pas nous aimer. Nos luttes perpétuelles nous ont bien fait connaître notre valeur réciproque et nous nous sommes si souvent mesurés les uns contre les autres que notre antagonisme nous a faits les meilleurs amis du monde.

Nous vous remercions donc en camarades de votre hospitalité fraternelle et nous venons joindre notre voix à celles qui proclament aujourd'hui les merveilles qu'a accomplies la France au service de la paix, de la science et de la liberté. *(Ban.)*

M. Kinmont, délégué d'Édimbourg, lit l'adresse suivante :

Les Étudiants de l'Université d'Édimbourg aux Étudiants de l'Université de Paris.

Camarades, nous saisissons avec joie l'occasion que vous nous avez donnée avec tant de bienveillance de prendre part à vos fêtes d'inauguration de la Nouvelle Sorbonne et de vous offrir en même temps, pour notre propre compte, les remerciements qui depuis des générations sont bien dus à l'Université de Paris.

Nous voyons avec des sentiments mêlés d'admiration et de respect l'œuvre immense de votre Université dans le passé, son influence et son pouvoir signalés dans le présent.

Nous souvenant donc des nombreuses obligations, et générales et spéciales, que nous avons contractées envers l'Université de Paris, nous exprimons notre confiance que cet événement ne pourra que marquer une étape nouvelle dans la longue et illustre histoire de vos nobles efforts et de votre prospérité méritée.

Nous terminons en chargeant nos délégués, à qui nous confions cette adresse et qui emportent avec eux les souhaits et les prières unanimes que nous faisons pour vous, d'appeler toutes sortes de prospérités sur votre Université éminente entre toutes et par son ancienneté et par sa réputation. Cependant, nous qui restons sur le sol de l'Écosse, nous allons inaugurer, le verre en main, par de larges rasades, le commencement d'une nouvelle ère de camaraderie et de communion fraternelle. *(Ban.)*

M. Wardrop, délégué d'Oxford, prononce les paroles suivantes :

Chers camarades,

Au moment où nous avons reçu votre aimable invitation nous étions en pleines vacances et par conséquent dans l'impossibilité de réunir, aussi nombreux que nous l'aurions voulu, les Étudiants de l'Université d'Oxford pour leur en faire part et vous envoyer en leur nom l'expression de nos sentiments fraternels. Néanmoins, je tiens à vous adresser quelques paroles de remerciement qui seront, j'en suis sûr, confirmées par le vote unanime de notre Association à la rentrée des collèges.

Je dois d'abord vous exprimer nos remerciements pour l'hospitalité vraiment princière que vous nous avez offerte. Vous nous avez traités en frères, nous nous en souviendrons toujours, et la reconnaissance que nous vous en exprimons se traduira, croyez-le bien, par des efforts énergiques pour augmenter l'amour de la France parmi nos compatriotes.

Je ne suis pas inquiet sur l'avenir de la France : je sais que la cause de la France est celle de la lumière, de la liberté et de la fraternité.

Je ne demande qu'une chose; c'est de voir votre pays et le nôtre unis l'un à l'autre par les liens d'une confiance mutuelle. — Je ne parle pas d'alliances politiques. Ces liens-là ne sont pas solides. — Mais que le peuple français et le peuple anglais, écartant les vieux préjugés et les vieilles querelles, se comprennent; qu'ils se donnent la main sans arrière-pensée, et alors le triomphe de la liberté sera assuré, l'Europe n'aura plus rien à craindre.

En nous réunissant ici, chers camarades, en ces belles fêtes fraternelles, vous avez porté, dans l'esprit de tous le dernier coup à ce fléau des sociétés modernes, le chauvinisme. Nous partirons tous d'ici remplis d'idées généreuses. Chacun de nous rentrera chez lui comme ambassadeur de toutes les nations que je vois représentées ici, et surtout nous serons les ambassadeurs de la France.

Nous n'oublierons jamais cette belle pensée d'abord exprimée par notre cher ami Chaumeton à l'Institut Pasteur, puis répétée dans les beaux vers de M. Claretie. Nous nous souviendrons toujours que la France, par la bouche de l'élite de sa jeunesse, a exprimé hautement le désir « que la guerre ait son Pasteur ».

Elle l'aura, chers camarades! ou plutôt, je me trompe, elle en a déjà des milliers et cette Association des Étudiants de Paris qui est aujourd'hui définitivement fondée est un nouvel Institut Pasteur destiné à guérir cette maladie par laquelle l'Europe est rongée.

Nous sommes jeunes. L'avenir est à nous. Le jour viendra où nous serons des hommes, exerçant dans l'avenir de nos pays l'influence à laquelle nous donnent droit et notre intelligence et l'instruction que nous avons reçue. Tâchons de conserver et de fortifier pour cet avenir prochain les liens d'amitié qui nous unissent aujourd'hui.

Encore un mot et j'ai fini. Je jure d'être fidèle à la France et je crie en même temps : « Vive la Patrie et vive la France! » (*Ban.*)

M. Garnier, délégué de Bruxelles, s'exprime ainsi :

Chers camarades,

En venant prendre la parole au nom des Étudiants belges, je tiens à vous remercier tout d'abord de l'accueil que nous avons reçu. Certes, mes chers camarades, il eût été difficile d'organiser des fêtes plus belles, plus grandioses que celles auxquelles vous nous avez invités; mais il eût été, à coup sûr, impossible d'en imaginer de plus cordiales.

Nous avons trouvé ici, non pas des étrangers hospitaliers, non pas même des collègues dévoués et sympathiques, mais bien les membres d'une grande·famille, la famille de ceux qui travaillent et qui pensent, et qui, leur tâche une fois finie, sont venus dans une ville amie chercher des plaisirs communs et le délassement

7

de l'esprit nécessaire aux tâches futures. Nous avons fait ici provision de souvenirs et l'ineffaçable impression que nous emportons, nous la raconterons en Belgique, afin que l'on sache que, si la France est le pays le plus ami du progrès, elle
est aussi la terre hospitalière et accueillante entre toutes. (*Applaudissements.*)

Le spectacle que nous avons trouvé ici de cette réunion d'Étudiants frères par le
cœur et frères par la pensée nous a fait concevoir de grandes et légitimes espérances.

Ces éléments jeunes et vivaces venus de tous les coins du monde, cette assemblée de jeunes hommes dont les cœurs battent du même enthousiasme et de la
même vaillance ne nous font-ils pas concevoir l'acheminement rapide de l'humanité vers une idée que verra sans doute le siècle qui s'avance, vers la fraternité des
nations.

Le sympathique président de votre Association le disait l'autre jour lorsqu'il
adressait à M. Pasteur les éloquentes paroles que vous savez : il est temps que les
relations entre les peuples deviennent autre chose que les massacres du fer et les
morsures du feu. Le droit des gens, comme la médecine, apprend à connaître d'autres remèdes plus dignes de l'humanité, plus dignes de notre siècle.

Ce sera la gloire de la France, ce sera votre honneur à vous, étudiants de Paris,
d'avoir préparé par votre initiative généreuse le triomphe de la grande idée de demain, de la communion fraternelle des hommes et des peuples dans la justice et dans
le progrès. Et ce sera notre orgueil, à nous autres Belges, d'y avoir contribué par
notre empressement à répondre à votre appel, témoignant ainsi de l'accord de nos
sentiments et de nos aspirations. (*Applaudissements.*)

Chers camarades, nous avons voulu que le souvenir que nous vous laisserons
ne pérît pas le jour où nous nous séparerons de vous. Les médailles que voici
vous rappelleront quelquefois le passage parmi vous des représentants d'un petit
pays qui vous estime et qui vous aime. Gardez-les, comme nous garderons votre
souvenir : il est aussi ineffaçable en nous que les empreintes faites par le ciseau
sur le métal de ces médailles que nous vous offrons.

Vive la France!

En même temps, M. Garnier offre, pour être fixée à la lance du drapeau
de l'Association des Étudiants de Paris, une magnifique cravate aux couleurs belges et françaises. Il offre également un écrin en cuir de Russie
renfermant trois médailles : l'une en bronze, l'autre en argent, la troisième
en or, frappées aux armes de la Belgique et portant au revers cette inscription :

LES ÉTUDIANTS DE BELGIQUE
À LEURS FRÈRES PARISIENS
1889

Des applaudissements et des cris de « Vive la Belgique ! » saluent
cette péroraison.

M. Joseph Feige, délégué tchèque de Prague, parle en ces termes :

Messieurs,

Vous n'avez pas dû être étonnés de nous voir accueillir avec enthousiasme votre généreuse invitation. Vous étiez déjà des amis pour nous : la sympathie pour votre pays a toujours existé, vivace, dans le cœur de nos compatriotes et, partout où il y a un Tchèque, il y a un ami de la France. Nous savons que la France est la grande nation, généreuse et hospitalière, douce aux faibles et aux opprimés. Les Tchèques saluent en elle la nation qui enfanta les Droits de l'Homme. (*Applaudissements.*)

Nous devions donc venir à vos fêtes. Nous y sommes venus nombreux. (*Applaudissements.*)

Nous avions une autre raison, non moins chère à nos cœurs d'Étudiants, pour venir célébrer avec vous ces fêtes de la nouvelle Sorbonne : nous ne pouvions pas oublier que l'Université de Paris est la mère de l'Université de Prague. C'était donc, pour nous, remplir un devoir filial que de venir à Paris fêter avec vous le rajeunissement de la vieille Université dans le rajeunissement de la vieille Sorbonne.

Puisse-t-elle, pour l'avenir, continuer à donner à la nation française de fortes générations, éprises, comme celle dont nous célébrons le centenaire, du Droit et de la Vérité. Elle méritera bien de la France et de l'Humanité. (*Applaudissements prolongés.*)

Je termine, Messieurs, en vous disant merci, au nom des Étudiants tchèques, de nous avoir donné, en nous invitant à venir à Paris, l'occasion d'admirer les merveilles de l'Exposition Universelle où nous avons pu voir ce que peut faire un peuple ami de la liberté, du travail et de la paix.

Merci pour les fêtes magnifiques que vous avez offertes à vos hôtes, dont je ne puis dire qu'une chose : qu'elles sont dignes du vieux renom de l'hospitalité française ; et surtout merci pour votre cordialité, qui nous faisait oublier que nous sommes chez des étrangers ; merci des marques de sympathie dont vous nous avez comblés et qui nous sont allées au cœur.

Nous ne les oublierons pas.

Encore une fois, merci. (*Applaudissements.*)(1)

(1) Les Étudiants tchèques de Prague ont en outre envoyé à l'Association Générale des Étudiants de Paris l'adresse suivante :

Frères,

Nous envoyons nos délégués vers vous, l'espoir et la fierté de la grande nation française. Ils vous diront que nous avons, que nous aurons toujours pour vous les plus vives sympathies. Nous aimons, nous chérissons la France, et nous contemplons avec un enthousiasme et un respect sacré ce grand pays qui a fait triompher en ce siècle la grande idée de la Liberté ; cette idée pour laquelle, au moyen âge, nos ancêtres ont combattu et versé leur sang.

Nous sommes les fils d'une nation petite en nombre mais forte d'un grand passé, et nous triompherons des efforts de nos nombreux ennemis, acharnés à notre perte, pour reconquérir notre gloire passée.

Vous avez répandu la grande lumière de la liberté à travers le monde civilisé. Sa gratitude éternelle vous est acquise.

Nous voulons marcher sur vos traces et atteindre le but élevé que vous nous avez montré.

Nous vous prions, chers camarades, d'accueillir nos délégués qui vous transmettront notre estime et notre profonde admiration pour vous et votre pays.

Le président,
CHARLES GROS,
docteur en Droit.

M. Henriquez, étudiant colombien, prend ensuite la parole :

Messieurs et chers camarades,

Étudiant en médecine de la Faculté de Paris, j'ai demandé la parole au nom de mes compatriotes les Étudiants colombiens.

N'ayant pas été prévenus à temps, ils n'ont pu participer à ces fêtes universitaires où ils auraient manifesté avec plus de chaleur et de force que je ne puis le faire moi-même leur sympathie et leur admiration pour la France.

Aussi auraient-ils été heureux de s'associer aux autres nations étrangères pour crier, de concert avec elles, ce cri mille fois répété de : « Vive la France ! vive la République ! » (Ban.)

M. Nyholm, délégué du *Studenten forening* de Copenhague prononce l'allocution qui suit :

Comme délégués de l'Association des Étudiants danois de Copenhague, nous avons l'honneur et le plaisir de porter aux Étudiants français nos salutations fraternelles avec nos remerciements les plus sincères pour la réception grandiose qui nous a été faite par des solennités si magnifiques.

C'est l'honneur de la France d'avoir créé le monument le plus splendide de la paix, la grande Exposition Universelle, qui est devenue le rendez-vous de toutes les nations du monde. Nous aussi, nous autres descendants des vieux Normands, sommes venus ici, non pas, comme jadis, pour chercher à enlever, le glaive dans la main, les riches trésors qu'a produits le sol fécond de la France ; mais, comme les guerriers de la paix, pour revenir chez nous, enrichis des connaissances et des richesses de l'esprit, que peut donner seulement Paris, le cœur du monde.

Que la gloire de la vieille Sorbonne, répandue déjà dans tout le monde, s'augmente encore dans sa nouvelle maison et que les rapports cordiaux entre les Étudiants de la France et du Danemark, commencés d'une manière si brillante par l'hospitalité inoubliable de nos camarades français, se continuent jusqu'aux derniers temps. (Ban.)

M. James, délégué des Étudiants des États-Unis, rappelle les liens qui rattachent les États-Unis à la France. « Vous êtes, dit-il, chers camarades, aussi aimables que le premier jour. Nous nous souviendrons toujours de vous. Vive la France ! vive la République! » (Ban.)

M. Goldstern, délégué des Étudiants de Vienne, pense qu'on le comprendra si sa langue n'est pas assez riche pour exprimer ce qu'il sent ainsi que ses camarades. Ils sont venus pour répondre à l'invitation qu'ils avaient reçue. On leur a offert une hospitalité inégalable dans le monde. Il se croit donc obligé d'exprimer les sympathies très sincères des Étu-

diants de Vienne. Les Étudiants de Paris ont frayé la voie pour la réconciliation fraternelle de tous les peuples, continuant ainsi la tâche que leur
a léguée la Révolution française. La politique d'aujourd'hui n'est pas
celle qui sera demain : elle s'évanouira comme les ombres. (*Applaudissements.*) La France conservera toujours les sympathies du monde.
Espérons que partout comme chez elle fleurira seulement l'amitié. La
jeunesse qui représente ici tous les pays rendra cette amitié plus grande.
Vive la France ! (*Ban.*)

Le docteur Hjalmar Neiglick, professeur de psychologie expérimentale
à Helsingfors, parle au nom des Étudiants finlandais :

Messieurs et chers camarades,

Permettez que, dans ce défilé des Étudiants amis de la France, c'est-à-dire de la
grande majorité des Étudiants du monde entier, la petite et lointaine Finlande vienne
prendre sa place.

Les Étudiants de notre pays, sous les neiges la plus grande partie de l'année, se
dispersent pendant l'été aux quatre coins de l'horizon : et c'est pourquoi l'Université d'Helsginfors n'a pu venir se ranger dans ce cortège imposant des Étudiants de
l'ancien et du nouveau monde qu'en toute hâte, sans préparatif aucun, sans ses
insignes, sans son drapeau. Mais que nous portions visibles ou non les marques de
notre nationalité, peu nous importe : nous nous sommes consolés de leur absence,
en songeant que nous tous, Étudiants venus de tous les pays pour célébrer avec vous
cette grande fête française, qui est la fête de tous les peuples, nous nous sommes
unis dans un même élan de sympathie et d'affection à l'ombre du drapeau le plus
aimé du monde, le drapeau aux couleurs tricolores.

S'il est possible à l'homme d'oublier pour un instant son pays natal, nous l'avons
fait aujourd'hui. Nous avions, en arrivant dans cette réunion internationale, le désir
légitimement égoïste de faire connaître à nos frères français ce qu'est notre petit
pays dont on n'entend jamais la voix dans le concert des grandes nations européennes. Nous ne l'avons pas pu faire : les merveilles de votre Exposition Universelle, la longue série des fêtes dans lesquelles les Étudiants de Paris nous ont
conviés à célébrer le rajeunissement de la vieille Sorbonne, nous ont laissés éblouis
et nous ont fait tout oublier.

Je n'oserais pas, Messieurs, tenter de vous redire en français les sensations que
nous avons éprouvées, nous autres étrangers, en voyant votre grand Paris, tel que
nous avons pu l'admirer, honorant d'une façon grandiose le centenaire de la grande
Révolution. (*Applaudissements.*)

Qu'il me soit seulement permis de dire que devant cette splendide apothéose du
génie français, devant ce triomphe de sa force créatrice, nous avons compris mieux
que jamais la portée des belles paroles prononcées, il y a quelques jours, à l'inauguration de la Sorbonne : qu'au-dessus de la France, il n'y a que l'Humanité.

Nous vous remercions donc, chers frères français, d'avoir choisi l'occasion unique de ces fêtes du travail et de la liberté pour inaugurer une ère de rapprochement entre tous les Étudiants. Nous remercions l'Association des Étudiants de Paris du cordial et aimable accueil qu'elle a fait à nos camarades, les chanteurs « MM. » de Helsingfors et de la grande et généreuse hospitalité avec laquelle elle nous a reçus. Nous remercions également le gouvernement français et la ville de Paris.

Mais surtout nous tenons à vous exprimer toute notre reconnaissance pour nous avoir fait si bien sentir, dans cette réunion pleine de l'enthousiasme universel, qu'entre nous tous il y a un véritable lien d'unité, que le nom d'Étudiant n'est pas la seule chose qui nous soit commune; que derrière lui, au-dessus de lui, il existe vraiment une profonde conscience de fraternité universelle. Vous avez pu voir combien les idées et les sentiments qui vous sont chers sont partagés par vos frères étrangers. Vous avez vu, pour ne citer qu'un seul fait, avec quel empressement, avec quelle ferveur, nous avons acclamé avec vous les grands noms chers à l'Étudiant français : Carnot, Pasteur.

Il me reste, Messieurs, à souhaiter pour l'avenir, au nom des Étudiants finlandais, que de nouvelles occasions nous soient données de resserrer ces relations internationales, liées entre les Étudiants de tout l'Univers, par les fêtes magnifiques où vous nous avez conviés, et je termine enfin, en faisant les vœux les plus chaleureux pour la jeunesse éternelle du vieux pays de France.

Vive la France ! (*Applaudissements.*)

M. Callispéris, étudiant hellène à Paris, parle en ces termes :

Monsieur le président et chers camarades,

Au moment où, dans toutes les nations de l'Occident, les premières étincelles de la science moderne n'attendaient dans des temps plus heureux qu'un souffle qui les fît briller en lumières éclatantes, la Sorbonne était le tabernacle où se conservaient les Belles-Lettres et le refuge hospitalier aux Muses de la Grèce.

En cette même Sorbonne, où sont enseignées aujourd'hui encore avec tant de succès les études classiques, nous, les Hellènes modernes, nous venons chercher une riche culture intellectuelle et puiser le patriotisme et l'espérance.

La Nouvelle Sorbonne, dont nous venons de célébrer l'inauguration dans une époque si éclairée, sera à plus forte raison comme un phare céleste qui répandra la lumière de la liberté et de la science ; elle sera l'école florissante et digne de cette grande et chevaleresque nation qui de tout temps et partout a prodigué ses bienfaits avec le plus grand désintéressement.

Nous nous considérons donc, nous jeunes Hellènes, comme très heureux de profiter de cette circonstance solennelle pour vous exprimer, avec le sincère enthousiasme qui remplit nos cœurs, les vœux fervents que la jeunesse de notre pays, reconnaissante à la France, fait pour le succès le plus complet à tous égards de nos camarades français dans les sciences et les lettres. (*Ban.*)

M. Coster, du Sénat de Leyde, parle ainsi, au nom des Étudiants de Hollande :

Messieurs,

Les Étudiants des Universités hollandaises ont, aussitôt votre invitation reçue, décidé de se faire représenter à la grande fête qui fera époque dans l'histoire des Universités du monde.

Cette vieille Université de Paris, dont la gloire a été reconnue de tout temps par le monde savant, se voit enfin pourvue d'une demeure digne d'elle.

Nous vous rendons le témoignage de notre grande reconnaissance de ce que vous nous avez conviés, nous aussi, avec les Étudiants de toutes les parties du monde, pour célébrer avec vous ce grand événement.

Veuillez recevoir, Messieurs, les vœux que vous adressent les Étudiants hollandais pour la gloire éternelle de la science française et aussi pour la prospérité de l'Association des Étudiants de Paris.

Oui, Messieurs, nous sommes remplis d'admiration pour votre beau pays; nous avons la conviction que la devise de la ville de Paris : *Fluctuat nec mergitur* contient une prophétie pour votre patrie; que, quoi qu'il arrive, la France continuera à remplir son rôle glorieux dans l'histoire du genre humain, que le peuple français ne cessera pas d'être, dans l'avenir, ce qu'il a été dans le passé : le maître qui nous fait comprendre la beauté de l'humanité. (*Ban.*)

M. Pichler, au nom des Étudiants de Buda-Pesth, offre à l'Association Générale des Étudiants de Paris un grand portrait à l'huile de Kossuth, en ajoutant :

Chers confrères,

Comment exprimer notre reconnaissance pour les marques de sympathie que vous nous prodiguez, pour la cordialité avec laquelle vous accueillez les enfants de notre nation. Quelle preuve d'amour pouvons-nous donner à la jeunesse de la grande et riche nation française?

Voilà notre trésor unique! voilà Kossuth notre gloire, Kossuth notre richesse! Tant que nous le posséderons, nous resterons riches.

En nous aimant, vous aimez Kossuth.

Tout ce qui est digne d'amour dans notre nation, tout ce qui est digne d'estime, tout, tout est concentré en lui.

Le verbe éternel et délivrant, le verbe d'éternel affranchissement : Liberté, Égalité, Fraternité, est né en France; l'apôtre génial de ces idées sacrées est chez nous Louis Kossuth.

Que l'image de ce vieillard vénéré, qui, aujourd'hui encore, manie les armes de la vérité avec une force irrésistible, soit pour vous la preuve solennelle que la jeunesse hongroise est avec vous, qu'elle vit et qu'elle meurt avec vous pour la démocratie!... Acceptez ce portrait de Kossuth! Placez le héros de notre liberté nationale près des héros de la liberté française, car lutter pour la liberté d'une nation c'est combattre pour l'humanité.

L'esprit admirable, sublime, de Kossuth, est né de l'embrassement fécond du génie français et du génie hongrois. Que son image reste donc comme l'éternel souvenir de l'embrassement fraternel de la jeunesse française et de la jeunesse hongroise ! Que Dieu protège votre patrie libre ! Qu'il anéantisse toute attaque des ennemis secrets ou déclarés de la liberté !

Puissante et florissante soit, et vive éternellement la République française ! (*Applaudissements répétés. Ban.*)

Le président de l'Association de Paris et le délégué de Buda-Pesth se donnent l'accolade.

M. Jacchia, délégué de Bologne, fait en italien l'éloge de la Déclaration des droits de l'Homme et exprime sa foi dans l'union de la France et de l'Italie, aux cris répétés de : « Vive Bologne ! »

M. Erasmo Ehrenfreund, au nom des Étudiants de Florence, prend ensuite la parole :

J'avoue que je suis venu sans avoir composé de discours. Entre Étudiants français et italiens les sentiments d'affections sont assez forts pour qu'il ne nous soit pas nécessaire d'arriver ici avec des paroles préparées. Nous sommes vos amis, les plus dévoués de vos amis; et les autres nations, que je vois représentées si nombreuses ici dans une pensée d'affection et d'admiration pour la France, ne seront pas jalouses si nous prétendons que notre affection pour vous n'en saurait trouver aucune autre qui lui soit supérieure.

C'est que nous sommes les fils d'une même race, d'une race qui a joué un rôle glorieux dans l'histoire de l'humanité, et aussi, qu'il y a pour nous réunir des liens plus solides encore que ceux de la communauté du sang : les liens de la reconnaissance. Je n'ai pas besoin de vous rappeler tout ce que nous vous devons : vous vous en souvenez sans doute et, quant à nous, nous ne l'avons pas oublié, nous ne ne l'oublierons pas. Qu'il me suffise donc de vous dire que nos cœurs battent à l'unisson.

Je ne veux pas en dire plus long. Lorsque des frères qui ont été séparés pendant des années se rencontrent enfin, ils ne préparent pas de discours, ils s'embrassent et se disent ce qu'ils ont dans le cœur. Nous sommes des frères : nous n'avons qu'à nous embrasser.

À ces mots il échange une accolade avec Georges Chaumeton, aux applaudissements de tous.

M. Molinari, au nom des Étudiants de Pise, rend hommage en langue italienne à la splendeur de l'Exposition Universelle. Il ne peut non plus oublier les noms glorieux de Magenta et de Solférino qui rappellent la part prise par la France à l'unité de l'Italie. Il regrette, par un noble sentiment, que la France ait été plus tard moins heureuse. Il termine en criant : « Vive la France ! vive la République Française ! »

M. Robin, au nom de la Roumanie, exprime les sentiments affectueux de l'Université de Bucarest.

M. le baron Hugold von Schwerin, délégué de Lund, annonce l'envoi de l'adresse suivante :

Chers camarades,

Permettez-nous de vous apporter ici l'expression de nos vœux sincères et nos remerciements de votre gracieuse invitation.

L'antique Sorbonne est un nom qui brille aux plus belles pages de l'histoire de la civilisation en Suède: Nous avons entendu nos pères en parler avec vénération, nous entendons chaque jour en parler avec enthousiasme par nos maîtres, et ceux qui nous succéderont, auront — nous le sentons bien — la même vénération, le même enthousiasme pour la nouvelle Sorbonne. Que ce nouveau domicile de la Science soit un foyer où se réunissent les rayons de la vérité ! Qu'il vous soit donné d'éclairer avec cette lumière un monde entier !

A ces vœux, nous joignons tous nos remerciements de ce que vous avez voulu nous convier à cette solennité. Quand la France célèbre une fête, on se réjouit en Suède. Lorsque vous vous félicitez aujourd'hui de pouvoir cultiver les sciences dans un temple digne de la déesse de la Sagesse, notre joie est partagée par toute la jeunesse universitaire de la Suède. Nous sommes heureux de pouvoir vous en porter témoignage ici ; soyez-en remerciés.

M. Wilboulewitch parle au nom des Étudiants de Moscou :

Chers frères français,

Les Étudiants des Universités russes n'ont pas pu, par suite d'un hasard malheureux, qui leur a fait parvenir trop tard l'invitation que vous leur aviez envoyée, participer en aussi grand nombre que notre amitié pour vous l'eût fait désirer aux fêtes d'inauguration de la Nouvelle Sorbonne. Nous ne sommes que trois ou quatre ici pour célébrer avec vous ces fêtes de l'intelligence et de la fraternité.

Mais que nous soyons nombreux ou non, il importe peu. Nous n'en exprimons pas moins le sentiment unanime d'affection et d'admiration que le peuple russe ressent pour votre pays. Oui, nous devons proclamer ici au nom de tous les Étudiants russes, au nom de la Russie tout entière, que nous vous sommes reconnaissants et de la sympathie que vous nous montrez et des services que vous nous avez rendus. Nous savons que c'est de votre pays que sont partis pour nous les premières paroles de liberté, les premiers enseignements de la science, et que la civilisation russe aura toujours de grandes obligations à la civilisation française.

Nous voyons avec joie que c'est en France et sur l'initiative des Étudiants français qu'ont été inaugurées les premières tentatives pour introduire dans l'Univers le règne définitif de la Paix. Nous avons confiance que vous réussirez dans cette glorieuse entreprise du génie français. La présence de tant de délégations, venues de tous les pays du monde, dans une pensée de concorde et d'union, en est pour nous le signe certain. Le jour n'est pas loin peut-être où les peuples seront unis par la fraternité universelle.

Nous saluons avec vous le lever de ce soleil nouveau.

Merci à l'Association des Étudiants de Paris !

Vive la France, vive la Russie et vive l'Humanité !

Au nom des Étudiants russes résidant à Paris, M. Levinson prononce les paroles suivantes :

Chers camarades,

Les Étudiants de Russie résidant à Paris ont toujours trouvé un accueil sympathique chez leurs camarades français, chez cette vaillante jeunesse des écoles qui, fidèle aux principes élaborés par les éminents savants et philosophes français, tient haut le drapeau du progrès et de la civilisation.

Croyez-le, chers camarades, ces incomparables fêtes universitaires, si féeriques, si pleines de bon goût, cette vraie gaieté de la jeunesse française, cette cordialité touchante et communicative, cet accueil chaleureux, ces témoignages sincères de votre amitié pour nous, laisseront dans notre cœur une trace ineffaçable, un souvenir joyeux et incomparable, et resserreront davantage, si cela est possible, les liens d'éternelle amitié qui nous attachent si fermement à vous.

Au nom de nos camarades des Universités russes présents et absents, nous vous remercions pour les preuves d'amitié si nombreuses que vous nous avez témoignées et nous vous exprimons, pour vous et pour le peuple français, les sentiments d'affection et d'amitié que nourrissent tous les Russes pour ce beau pays de France et pour cette belle jeunesse française, l'avant-garde du progrès humain, le soutien de la France et l'espérance de l'Europe.

Vive la France !

Vive la Russie !

M. Knatz parle au nom de la Société des Étudiants français de Genève :

Mes chers camarades,

Mes camarades de Genève m'ont chargé de les représenter auprès de vous. Ils m'ont donné la mission de vous faire connaître ce qu'est notre petite Association des Étudiants français de Genève, et surtout de vous apporter l'expression de leur sympathie pour l'œuvre que poursuit au sein de la jeunesse française l'Association des Étudiants de Paris.

Je m'acquitte aujourd'hui de cette double tâche avec empressement et plaisir.

Nous ne sommes plus à Genève qu'une poignée, une vingtaine environ ; mais notre société exclusivement composée de Français n'a jamais cessé d'entretenir et de développer parmi ses membres les sentiments de patriotisme qui ont inspiré sa fondation. Formant la transition entre les Français et les étrangers, nous nous sentons doublement solidaires des Associations françaises d'Étudiants, quoique nous portions des insignes qui rappellent les sociétés étrangères. Oui, nous sommes et nous restons Français, d'autant plus Français que, n'habitant pas la patrie, nous sentons plus vivement les liens qui nous attachent à elle.

Nous conservons même un vieil usage, qui nous a été légué par nos devanciers, un usage que plus d'un sceptique pourra traiter de puéril, mais auquel nous restons fidèles, car pour nous il a un sens.

A la rentrée de l'Université, quand les cours recommencent et que les étudiants reviennent, nous quittons tous Genève pour un jour et nous allons en terre française, dans un petit village, toujours le même, auquel nous ne pouvons jamais penser sans émotion parce qu'il est pour nous la France, et où anciens et nouveaux viennent chaque année, depuis plus de cinquante ans, nouer les relations d'amitié, échanger le *vous* solennel contre le *tu* plus familier des camarades. Quand nous arrivons à la limite du territoire genevois et que nous apercevons la borne qui nous indique le sol français, nous nous arrêtons tous avant de la franchir ; et alors, la tête découverte pour saluer la terre de France, nous entonnons tous ensemble le couplet de la *Marseillaise :* « Amour sacré de la patrie... » et c'est en le chantant que nous mettons le pied sur la terre natale.

Ces sentiments qui nous animent, vous les partagez, chers camarades, et c'est pour moi un privilège en même temps qu'une grande joie de me trouver ici au milieu de vous, de nous voir unis dans une même affection, de sentir autour de moi cette universelle sympathie pour la France, exprimée chaleureusement par tant de bouches en tant de langages différents.

Une chose cependant me manque pour que ma joie soit entière. Au milieu des drapeaux et des bannières qui se sont inclinés devant le Président de la République, à l'inauguration de la Sorbonne, la nôtre ne se trouvait pas, la bannière des Étudiants français de Genève. Ce n'est pas qu'elle soit bien belle, mais elle est très vieille et symbolise pour nous la patrie, et pour les souvenirs qu'elle nous rappelle nous l'aimons et nous en sommes fiers. Dans la dernière guerre, quand notre armée de l'Est, épuisée, diminuée par la défaite, eut franchi la frontière après des souffrances inouïes, c'est elle, notre vieille bannière, qui alla recevoir et saluer nos soldats à leur arrivée sur le territoire suisse, leur présentant sur la terre étrangère l'image de la patrie qu'ils venaient de quitter.

Vous savez maintenant, mes chers camarades, d'où vient notre attachement pour notre bannière et vous comprenez pourquoi je regrette de ne pas la voir flotter au milieu des vôtres. Une autre fois j'espère que, plus heureux, nous serons prévenus à temps. Pour aujourd'hui, à défaut de la nôtre, nous nous rangerons derrière la bannière des Étudiants de Paris. Les couleurs en sont les mêmes, c'est aussi le drapeau de la France. Nous sommes Français, et les mêmes sentiments nous animent, vous à Paris et nous à Genève, un égal amour pour notre pays, un même enthousiasme pour ce qui fait la force, la puissance et la gloire de la France. Et c'est pourquoi, aujourd'hui, je suis fier et heureux d'assister aux fêtes que vous nous donnez, heureux comme invité d'avoir ma part des plaisirs que vous nous offrez avec tant de profusion, fier comme Français de voir réunis ici tant de camarades étrangers qui rapporteront dans leurs patries le souvenir de votre cordiale hospitalité et de l'accueil que leur a fait la France. Notre pays, je crois, n'aura pas à s'en plaindre.

Aussi je ne puis, en terminant, que répéter ce que vous ont dit avant moi tous

ceux qui m'ont précédé, vous assurer, mes chers camarades, de la reconnaissance
que nous conserverons à nos hôtes et souhaiter la plus grande prospérité à l'Association déjà si prospère des Étudiants de Paris.

Vive la France ! (*Ban.*)

M. Huguenin, de Genève, au nom des Étudiants suisses :

Messieurs et chers camarades,

Ce n'est pas sans une vive émotion que je prends la parole en ce jour solennel.
Je viens en effet, Messieurs, vous parler au nom d'un pays petit par son étendue,
mais en revanche grand par son histoire. Tout d'abord, merci à vous, chers amis,
d'avoir bien voulu penser à la Suisse et de nous avoir conviés à prendre part aux
grandes et belles fêtes que Paris, que la France, que le monde intellectuel tout
entier célèbrent aujourd'hui.

Ces fêtes, Messieurs, sont des fêtes de paix, de science et de liberté, et sous ce
triple point de vue nous sommes heureux de fraterniser avec vous.

La paix ! ah ! Messieurs, quelle n'est pas la douceur des sentiments que ce mot
évoque dans le cœur de chacun de nous ! Quoi ! lorsque, dans ce xixᵉ siècle, nous
voyons autour de nous les armements s'entasser sur les armements, les bruits de
guerre succéder aux bruits de guerre, et chaque fois avec une intensité nouvelle,
n'est-il pas bon, n'est-il pas consolant de se dire qu'il y a dans une des premières
villes du monde civilisé un congrès de jeunes gens, tous forts, tous animés d'un
mâle courage, tous prêts à verser leur sang goutte à goutte pour leur patrie, et qui,
bravant les distances, viennent tous dans ce Paris affirmer une solidarité et une
amitié inaltérable dans la paix ?

Quel est, Messieurs, le talisman qui a le pouvoir énergique de réunir dans cette
salle ces représentants de toutes les nations? C'est la Science. C'est à elle que nous
sacrifions, c'est elle que nous aimons, c'est elle que nous cultivons avec ardeur, car
les fruits qu'elle nous donne sont excellents ! Arrière d'elle les vulgaires préjugés !
loin d'elle les petitesses ! Elle résulte et doit résulter, dans le cœur de chacun de
nous, des sentiments de noblesse et de fierté et votre présence ici en donne la preuve
la plus éclatante.

La paix, la science, vous le pressentez, Messieurs, ne sont que les deux termes
d'une belle trilogie, et le troisième c'est la liberté.

Liberté ! déesse chérie ! que de belles âmes se sont dévouées pour toi ! Ah ! le
peuple français tout entier célèbre depuis quelque temps le centenaire de ces
hommes qui les premiers sentiront bondir en eux leur cœur à ces accents nouveaux
et qui ne ménagèrent ni leurs forces ni leur vie pour donner à la patrie cette liberté
qu'ils aimaient par-dessus tout. (*Applaudissements.*)

Et quel autre amour que celui de la liberté embrasait le cœur d'un guerrier,
auquel la Suisse tout entière a rendu hommage, il y a trois ans, et qui, en 1386,
saisissait dans ses bras robustes les hallebardes des ennemis presque vainqueurs et
se les enfonçait dans le cœur en prononçant ces paroles mémorables : « Confédérés,
prenez soin de ma femme et de mes enfants, je vais vous ouvrir un chemin. »

Messieurs les Étudiants de Paris, merci pour le chaleureux accueil que vous avez fait aux délégués suisses. Soyez persuadés que nous garderons de vous le plus excellent souvenir. Lorsque nous serons rentrés dans nos foyers, que les vacances seront finies et que les études auront repris leur cours régulier, nous penserons plus d'une fois, et avec bonheur, à ces belles heures passées auprès de vous lors des fêtes d'inauguration de la Nouvelle Sorbonne, et à ces chers amis que nous aurons quittés trop tôt au gré de nos désirs.

Au nom de tous les délégués suisses, je termine en criant : Vive l'Association Générale des Étudiants de Paris !

Vive la France ! (*Ban.*)

M. Moralès, au nom des Étudiants du Venezuela, offre à l'Association Générale des Étudiants de Paris l'écusson et le magnifique drapeau de Venezuela.

Messieurs,

Au nom des Étudiants du Venezuela, j'ai l'honneur de faire présent à l'Association des Étudiants de Paris de ce drapeau aux couleurs nationales, emblème de la jeune Amérique séparée à jamais de la mère patrie par le vaste Océan.

Le jaune représente l'Amérique, le rouge, le sang espagnol légué à nous par nos ancêtres, et le bleu, l'Atlantique.

Permettez-moi également, Messieurs, de vous offrir cet écusson, œuvre d'un peintre vénézuélien qui, spontanément, a voulu se joindre à nous afin de manifester sa sympathie pour la France, car, chez nous, la sympathie que l'on éprouve pour votre pays est comme l'amitié que l'on a pour des frères. Nous avons en commun, non seulement la même origine latine, mais encore le nom d'un homme éminent qui a sa place glorieuse au commencement de notre histoire comme peuple indépendant, comme peuple souverain, et qui, après avoir combattu au milieu des Français pour le triomphe des idées grandioses de l'émancipation humaine, se souvint que son pays natal gémissait sous l'oppression d'un conquérant, et, n'écoutant que son patriotisme, abandonna une situation brillante pour aller courir les hasards d'une guerre sans merci. Je veux parler, Messieurs, du général Miranda, l'initiateur de l'indépendance Sud-Américaine, un des vainqueurs de Valmy, dont le nom se trouve inscrit sur l'Arc de triomphe, à côté des plus illustres généraux, parmi cette pléiade de héros de la Révolution française, qui portèrent au loin, sur les ailes de la Victoire, la gloire retentissante de leurs armes et l'éclat puissant de leurs idées.

Gardez cet écusson et ce drapeau, gage de notre amitié, et soyez persuadés que nous conserverons toujours le souvenir reconnaissant de l'accueil que vous nous avez réservé et des efforts que vous avez faits pour nous rendre agréable le séjour de la grande ville de Paris.

Vive la France !

Les Étudiants de Berne avaient envoyé l'adresse suivante, écrite dans le plus élégant et le plus spirituel latin :

Litterarum Universitatis Bernensis studiosi commilitonum Parisinorum Socie-
tati s. d. q. p.

Litterarum Universitatis clarissimæ illius, cui Sorbonnæ nomen inditum est,
denuo inaugurandæ quod nos quoque participes esse voluistis, gratias vobis agimus
quam maximas necnon festos hosce dies peragentibus omnia vobis fausta atque
felicia precamur. Jure enim vobis persuasistis, commilitones carissimi, ut ipsas
minime litteras atque bonas humanitatis artes, ita ne Universitates quidem, quæ
illas tenent complexæ, ad unum solum modo populum unanive mundi regionem
quamlibet pertinere, sed rescissis qui singulas orbis terrarum gentes vulgo sepa-
rant limitibus sublatisque nationum finibus cunctos simul spectare studiorum libe-
ralium atque artium ingenuarum sectatores, humanitatisque asseclas, qui fluc-
tuantes nusquam merguntur. Quorum in numero quod nos quoque habere dignati
estis, summopere lætamur nobisque ex animo gratulamur. Atque illud præcipue
nobis, et ipsis liberæ civitatis civibus, mirum quantum placuit, quod festis illis
quos celebraturi estis scientiæ diebus et pacem una et libertatem augeri dixistis.
Rem enim publicam quid potest felicius gubernare atque omni bonorum fructuum
genere altius promovere quam fausta illa, quam veneramur omnes, litterarum libe-
ralium auctoritas? Quæ cum ita sint, oramur vos, ut boni consulatis, si ob finitam
his ipsis diebus academiæ nostræ lectionum seriem nec non deficiente illa, quæ
omnia regit, crumena justa hodie sociorum legatione supersedere maluimus, atque
sic habere vos jubemus ut et nosmet quamvis procul a vobis semotos summa ani-
morum sinceritate lætitiæ vestræ interesse credatis. Quod bonum, faustum, felix
fortunamque fuat.

Scriptum Bernæ Kalendis Sextilibus a. MDCCCLXXXIX.

Litterarum Universitatis Bernensis Studiosorum præses,

ÆMILIUS AUGUSTUS RITELI,
Cand. med.

Après les délégués étrangers, les délégués des Universités françaises
ont pris la parole.

M. de Coquet, au nom des Étudiants de Bordeaux, remercie l'Association de Paris de son hospitalité pour les Français et surtout pour les
étrangers. Il l'invite à en venir recevoir une pareille à Bordeaux. (Ban.)

M. Boivin, au nom des Étudiants de Grenoble, adresse les mêmes
remerciements en rappelant que l'anniversaire de 1789 est particulièrement cher aux Dauphinois qui n'ont pas oublié les États de Romans et de
Grenoble, les noms de Barnave et de Mounier. (Ban.)

M. Rollet parle ainsi, au nom des Étudiants de Lyon :

Messieurs et chers camarades,

Je suis heureux d'être ici l'interprète des Étudiants lyonnais. Notre premier
sentiment à tous est un sentiment de gratitude pour vous, chers camarades de l'As-

sociation de Paris. Nous vous remercions doublement de nous avoir conviés à ces merveilleuses fêtes universitaires, comme étudiants et comme Français.

Comme étudiants, nous sommes venus resserrer encore les liens qui nous unissaient déjà à vous. Nul de nous, en effet, n'oublie que c'est un des vôtres (1) qui est venu porter parmi nous la bonne parole, et n'avons-nous pas vu flotter naguère dans notre ville votre drapeau allant à l'étranger représenter la France, avec tant de tact et de bonheur? Aussi est-ce une dette de reconnaissance que nous venons acquitter aujourd'hui, et du fond du cœur, chers camarades de Paris, je vous dis merci.

Nous sommes heureux aussi d'avoir pu assister à ces fêtes, y apporter notre bonne part de gaieté et d'enthousiasme, et par là affirmer l'existence et la vitalité de notre association provinciale. Les amitiés nombreuses que nous y avons liées, nous l'espérons, se reporteront tout entières sur notre chère Association. Tous, croyons-nous, vous vous souviendrez d'elle, et, en pensant à Paris, vous n'oublierez pas Lyon ; comme nous, vous les confondrez dans une même affection, sans qu'aucune puisse être jalouse, car votre cœur, chers amis, est assez grand, n'est-ce pas, pour que vous les puissiez aimer ardemment toutes deux?

Comme Français, nous sommes fiers d'avoir pu assister à ces fêtes splendides, où, dans un élan aussi spontané que généreux, toute la jeunesse étrangère témoigne si hautement de son profond amour pour notre patrie bien-aimée! Que dis-je, la jeunesse étrangère? Mais ne sommes-nous pas tous aujourd'hui les fils d'une même patrie, où nos cœurs toujours jeunes ont puisé cet enthousiasme auquel nous nous sommes reconnus et qui a transformé déjà, j'en suis sûr, notre sympathie naturelle en une solide amitié?

Oui, nous sommes bien les fils de cette même patrie, et en affirmer l'existence, c'est, en vous remerciant encore, chers amis de Paris, faire votre plus bel éloge.

Vous venez de réaliser les premiers cette espérance, dont nous attendions, à Lyon, la réalisation avec tant d'impatience, de l'union du monde entier par la camaraderie et dans la paix : soyez-en fiers, car, jeunes encore, vous avez créé déjà et votre création vivra.

C'est à nous tous, en effet, amis, qu'il appartient de recueillir ce précieux patrimoine, de le conserver, de l'augmenter. Avant de nous séparer, jurons donc, tous, que nous sommes prêts à remplir ainsi notre devoir : que tous nous nous souviendrons, pour les perpétuer, de ces délicieuses journées débordantes d'amitié.

Je salue d'avance l'heureux jour où cette union des peuples par la jeunesse sera devenue complète, et je félicite chaleureusement nos camarades de Paris d'avoir posé, dans ces fêtes grandioses, la première pierre au temple de la fraternité universelle. (*Ban.*)

M. Roziès, au nom de Marseille, s'exprime dans les termes suivants :

Mes chers camarades,

C'est avec plaisir que je prends la parole au nom de l'Association des Étudiants de Marseille pour vous exprimer les sentiments de vive amitié que lui a inspirés

1. M. Silvain Lévy, alors étudiant, aujourd'hui maître de conférences à l'École des Hautes Études.

votre chaleureux accueil. Bien certainement, en se rendant à votre invitation, ils savaient trouver en vous des sentiments plus que sûrs et dévoués; mais, je puis vous l'affirmer, jamais ils n'auraient cru assister à une telle explosion de franche sympathie.

On nous accuse volontiers, nous autres Marseillais, de trouver tout inférieur à Marseille et à ses habitants. Est-ce à tort ou à raison? Cette fois nous nous avouons vaincus. Pauvres Méridionaux! nous semblions presque froids en présence de votre ardeur et de votre empressement à acclamer et à fêter vos invités! (*Applaudissements.*) Aussi, soyez-en sûrs, nos camarades de là-bas en seront informés et, quand ils connaîtront par nos récits ce qu'ont été ces fêtes merveilleuses, plus d'un se repentira amèrement de ne pas être venu y prendre part.

Pour nous, qui y avons assisté, nous gardons dans notre mémoire un souvenir impérissable de ces magnifiques manifestations de la camaraderie tant entre Français qu'entre Étudiants de nationalités diverses.

Et si bientôt, comme nous l'espérons et comme nous y travaillons de toutes nos forces, Marseille devient ce qu'elle devrait être déjà depuis longtemps, un grand centre universitaire, soyez certains que les Étudiants de Provence tous réunis à Marseille n'oublieront pas ce que les Étudiants de Paris auront fait pour eux.

Merci donc! merci au nom de l'Association des Étudiants de Marseille pour les belles fêtes que vous nous avez offertes; merci à votre président Chaumeton et à ses vaillants lieutenants, merci à l'Association Générale des Étudiants de Paris! (*Ban.*)

M. Guy, au nom des Étudiants de Montpellier, prononce l'allocution suivante :

Camarades,

Qu'il me soit permis, au nom de l'Association et de tous les étudiants de Montpellier, de vous remercier de l'hospitalité généreuse et magnifique que vous nous avez donnée.

Ces fêtes inspirées par de hautes pensées, aucun de nous ne pourra les oublier, et lorsque nous en ferons le récit à nos camarades, ils diront avec nous que vous avez bien mérité de la science et de la France que vous représentez aujourd'hui. (*Applaudissements.*)

Nous avons pu enfin nous voir et nous connaître, Étudiants de tous les pays, et nous avons reconnu que nous sommes tous animés du même esprit et des mêmes sentiments : que, malgré les différences de mœurs, de coutumes et de langages, il nous reste un terrain commun ferme et inébranlable : la science, qui rapproche les distances, et la solidarité qui unit nos cœurs dans une même pensée d'apaisement et de fraternité.

C'est à vous, nos hôtes d'aujourd'hui, que nous devons tout cela. Notre patriotisme, sans en devenir moins ardent, s'est éclairé et élargi à votre contact.

Au nom des Étudiants de Montpellier, merci !

Mais pour que l'œuvre commencée soit complète, il faut qu'elle soit continuée. Il nous faut des lendemains, et nombreux, à ces journées si bien remplies. Cette fusion, commencée si heureusement à Bologne l'année passée, à Paris aujourd'hui, et dont nous constatons les merveilleux résultats, nous devons la poursuivre, et c'est là, bien certainement, la bonne façon de fonder une union internationale faite de liens moraux et intellectuels, les seuls vraiment indissolubles.

Montpellier, au mois d'avril prochain, célèbre le sixième centenaire de son Université : comme à Upsal, comme à Bruxelles, comme à Bologne, les fêtes auront un caractère international. Ce seront les fêtes de la science et du travail. Permettez-moi de devancer la date de la convocation officielle et de vous convier aujourd'hui, vous tous qui m'écoutez, à vous joindre à nous pour les célébrer. (*Applaudissements.*)

Nous ne pourrons peut-être pas vous offrir les distractions variées et choisies que nous prodiguent nos hôtes d'aujourd'hui ; mais vous trouverez, nous l'espérons, cette hospitalité cordiale dont l'Association des Étudiants de Paris nous donne un si bel et si puissant exemple.

Chers hôtes, et vous tous, chers camarades, à bientôt. (*Ban.*)

En levant la séance, M. Chaumeton, président de l'Association Générale des Étudiants de Paris, remercie les Étudiants d'être venus et déclare qu'on gardera de leur passage un souvenir impérissable. (*Applaudissements.*) Il faut que ces relations si heureusement nouées se continuent. Il faut donc que toutes les Associations, en échangeant leurs bulletins et leurs annuaires continuent à connaître leur vie, leurs efforts réciproques. C'est ainsi que l'union commencée se perpétuera.

La séance est levée au milieu des applaudissements.

Le matin, les Étudiants français et étrangers avaient visité le Muséum d'Histoire Naturelle, et dans l'après-midi, à une heure, la Faculté de Médecine où ils avaient été reçus par M. le doyen Brouardel et par M. Pupin, secrétaire de la Faculté. C'est ainsi qu'ils avaient parcouru successivement le Musée d'Hygiène, l'École Pratique dont M. le professeur Strauss et le Dr Poirier, chef des Travaux Pratiques d'Anatomie, leur avaient fait les honneurs. A l'École d'Anthropologie ils avaient été reçus par M. le Dr Manouvrier.

Le soir, représentation de gala offerte au théâtre de la Gaîté par M. Debruyère, directeur. On jouait la *Fille du tambour-major*. La salle entière était pavoisée de drapeaux. Du champagne a été servi au foyer, et l'on a porté un toast aux délégations d'Étudiants.

9

RÉCEPTION A L'ÉLYSÉE

(*Dimanche* 11 *Août.*)

Les Étudiants des Universités étrangères avaient demandé à être reçus en audience avant leur départ par le Président de la République Française.

La réception a eu lieu à onze heures, dans le grand salon d'honneur du premier étage. Les cinquante chefs de délégations présentaient un aspect des plus pittoresques avec leurs uniformes de toutes couleurs ; on remarquait surtout le costume fort élégant des Hongrois avec leurs petites bottes à glands retombants, leurs dolmans et leurs grands manteaux brodés, puis les Étudiants grecs, qui portaient en sautoir sur le plastron blanc de l'habit un large ruban de moire bleu de ciel.

Les délégations s'étaient fait précéder par trois superbes corbeilles de fleurs qu'ils avaient prié M\u1d50\u1d49 Carnot de vouloir bien accepter. La première, une magnifique corbeille d'orchidées, offerte par l'ensemble des Étudiants étrangers, a été présentée à M\u1d50\u1d49 Carnot par M\u2071\u02e1\u1d49 Callispéris, étudiante en licence de la Faculté des lettres.

Les pays représentés étaient : la Belgique, la Suisse, l'Italie, l'Autriche, la Hongrie, l'Angleterre, la Russie, la Finlande, la Grèce, le Danemark, les États-Unis, la Roumanie, la Suède, la Norvège, la Hollande, le Paraguay, la Colombie, le Venezuela.

M. Chaumeton, président de l'Association des Étudiants de Paris, accompagné de MM. Jeanmaire et Revelin, vice-présidents et Chandebois, trésorier, a présenté les délégués au Président de la République, en ces termes :

Monsieur le Président,

Les Étudiants étrangers et provinciaux, avant de regagner leurs Universités, ont tenu à venir vous saluer et à vous assurer de leur respectueux dévouement. Ils vous remercient de la haute marque de sympathie que vous leur avez témoignée en assistant à deux de ces grandes fêtes universitaires.

Hier, les Étudiants réunis à la Sorbonne ont entendu les adresses des délégations étrangères aux Étudiants de Paris. Elles expriment toutes une grande sympathie pour notre nation. Une grande partie de cette sympathie s'adresse à vous, Monsieur le Président, au chef respecté de la République Française.

Le Président de la République a répondu :

Je suis tout à la fois personnellement touché et heureux pour mon pays de la démarche que vous faites auprès de moi. Elle atteste que vous reportez à la France elle-même, comme à son premier magistrat, les sentiments de la sympathie que vous avez témoignée aux Étudiants vos camarades.

Rien ne nous va plus au cœur que ces démonstrations généreuses.

Vous vous félicitez de l'accueil que vous avez trouvé ici. Vous deviez y compter, Messieurs, et la jeunesse française ne pouvait manquer de vous réserver une cordiale hospitalité.

Vous avez retrouvé chez elle des cœurs généreux, des âmes élevées, et aussi la clairvoyance et le sentiment de ses devoirs patriotiques. Elle a, du premier coup d'œil, démêlé où pouvaient naître les dangers pour les libertés auxquelles elle est attachée.

De même elle a senti que, dans une période d'obscurité et de tâtonnements, elle pouvait servir la cause de la justice et de l'humanité en tendant la main à la jeunesse européenne.

Vous reporterez chez vous, mes jeunes amis, ces sentiments de confraternité. Vous nous aiderez par les élans de votre cœur à faire prévaloir partout la politique de franchise et de concorde sur la politique de défiance et d'embûches qui paralyse les forces et les ressources des nations.

Au nom de la France, je vous salue et je vous prie de porter à vos camarades l'expression de ma cordiale sympathie.

Les Étudiants étrangers ont accueilli ce discours par les plus vives acclamations.

Ils allaient se retirer lorsque Mme Carnot leur a fait annoncer qu'elle voulait les remercier de leur délicate attention. Mme Carnot est entrée, en effet, quelques minutes après, dans le salon, et elle a serré la main de plusieurs délégués.

BANQUET DES CHEFS DE DÉLÉGATIONS

REPRÉSENTATION A L'ÉDEN-THÉATRE

Le soir, un grand banquet a été offert aux chefs des délégations étrangères, au restaurant Foyot. Plusieurs discours ont été prononcés. On a particulièrement applaudi le toast porté par M. Ernest Lavisse, professeur d'histoire à la Sorbonne et membre honoraire de l'Association des Étudiants de Paris.

Après le banquet, représentation de gala au théâtre de l'Éden où l'on jouait le ballet *Excelsior*. La salle entière était pavoisée de drapeaux français et étrangers. Une seule difficulté s'était présentée. Chaque emploi de danseuse avait deux titulaires, et les deux titulaires voulant également danser devant les Étudiants, la direction dut laisser aux commissaires la décision à prendre dans ce nouveau jugement de Salomon. Des fleurs remercièrent les unes et consolèrent les autres.

BANQUET D'ADIEU DE MEUDON

DÉJEUNER SUR LA TOUR EIFFEL

(Lundi 12 Août.)

A dix heures du matin, des bateaux spéciaux de la Compagnie des bateaux-omnibus emmenaient au Champ de Mars un grand nombre d'Étudiants. Grâce à une faveur spéciale, les Étudiants avaient obtenu de monter par l'escalier jusqu'au haut de la tour Eiffel. D'abord les 300 excursionnistes montèrent allègrement, côte à côte avec les cuisiniers et les pourvoyeurs des restaurants, chargés de pains, de légumes et de viandes. De la 1ʳᵉ plateforme à la 2ᵉ, dans les étroits escaliers tournants, on alla moins vite. De la 2ᵉ à la 3ᵉ, on s'arrêta souvent en chemin, à demi pris de vertige, et raillé au passage par les visiteurs ordinaires que les ascenseurs hissaient bourgeoisement. Enfin on arrive en haut. Il fait un temps de ciel bleu et de soleil. Paris se développe des deux côtés de la Seine, couvert de petits cubes blancs comme une ville orientale. Le naturel des touristes reprend le dessus, et tous les Étudiants se précipitent sur des cartes-lettres qu'ils rédigent et envoient à leurs amis *du haut de la Tour Eiffel*. Un déjeuner avait été organisé par M. Léné, membre de l'Association Générale des Étudiants de Paris, au restaurant Brébant. C'était un déjeuner bien gagné. M. Berger, commissaire général de l'Exposition universelle, qui devait assister à ce déjeuner dut se faire excuser en exprimant tous ses regrets, étant retenu dans l'Exposition par la présence du Président de la République.

Le déjeuner, préparé et servi d'une manière parfaite, assaisonné d'ailleurs par un grand appétit se passa le plus gaiement du monde, en face des pavillons et des jardins de l'Exposition universelle.

A deux heures, quatre bateaux à vapeur spéciaux abordent au Champ de Mars, chargés d'Étudiants sur le pont, sur les banquettes, sur les roufles. Ils s'avancent, précédés de hurrahs et d'acclamations. Les Étudiants partis du Châtelet viennent prendre leurs camarades du Champ de Mars. Tout le monde s'embarque et les bateaux repartent. Il fait un grand soleil qui étend sur la Seine des nappes d'argent. Sur les bateaux peints en blanc, au-dessus des Étudiants gaiement entassés, luisent les drapeaux, les bannières, les bérets. Tout le long du fleuve on échange des saluts avec es passants des rives, avec les familles de mariniers, debout, ébahies, sur les péniches. Après avoir passé le haut viaduc du Point-du-Jour, tout blanc dans le ciel bleu, on découvre ces beaux coteaux de Meudon, de Sèvres, de Bellevue, qui font à la Seine une ceinture de bois, dans lesquels les maisons semblent s'être assises pour admirer. Au lieu d'aborder directement au Bas-Meudon, les bateaux longent par le grand bras les îles de Billancourt, passent sous le vieux pont de Sèvres, doré par le soleil, sur lequel court la route royale de Versailles, et vont jusqu'au pont de Saint-Cloud, découvrant aux promeneurs, par une échappée, le Parc et la Cascade. Puis ils reviennent par le petit bras de la Seine au Bas-Meudon, pour débarquer.

A la sortie, le cortège se forme, bannières et drapeaux en tête. Il monte ensuite vers le parc, accompagné par la municipalité, les pompiers et la musique de la ville.

A l'entrée de la ville, sur une jolie place décorée de verdure et de drapeaux, le buste de Rabelais se dresse au-dessous d'une large banderole où sont écrits ces mots : « Cy entrez, vous, et bien soyez venus. » Le maire de Meudon, M. Lecorbeiller, membre honoraire de l'Association Générale des Étudiants de Paris, en quelques mots charmants, souhaite la bienvenue aux Étudiants.

On arrive au parc de Meudon où M. Janssen reçoit ses hôtes et une gigantesque photographie de Gerschell réunit dans un seul groupe, sur les marches de l'escalier de l'Orangerie, les Étudiants et les professeurs qui ont pris part à l'excursion.

Puis un concert est donné dans l'Orangerie, toute décorée de branches vertes. On y applaudit MM. Georges Berr, de la Comédie-Française ; Duard, de l'Odéon ; Xanroff, Mlle Félicia Mallet, les Étudiants de Lyon avec leurs marionnettes lyonnaises, et surtout l'orchestre des étudiants d'Agram.

Sur la terrasse supérieure du parc le dîner est servi, un dîner de *mille trois cents* couverts. Une longue tente rectangulaire réunit deux immenses tentes rondes, en tissu rayé, sur lesquelles se dressent des trophées de drapeaux. A l'horizon, des deux côtés de la Seine, se déroule le panorama de Paris, sous un ciel clair qui commence à se piquer d'étoiles. Tout est prêt. Grâce à M. Heubès, architecte, et membre du Comité de l'Association

BANQUET SUR LA TERRASSE DE MEUDON.

Générale des Étudiants de Paris, l'impossible a été fait. Les tentes sont pour ainsi dire sorties de terre : l'aimable directeur du garde-meuble national, M. Williamson, les a fait préparer, apporter et planter, le tout *dans l'après-midi*. Des lampes Soleil répandent une large clarté sur les nappes blanches. Enfin M. Janssen, qui avait offert pour cette fête le parc de l'Observatoire de Meudon, a poussé la bonne grâce jusqu'à mettre à la disposition du service un élégant pavillon Louis XIII en brique rose

et pierre blanche, d'où les potages sortent, tout fumants. Le dîner est
servi par Potel et Chabot. En voici le menu :

POTAGE SAINT-GERMAIN
HORS-D'ŒUVRE VARIÉS
TRUITE FROIDE SAUCE VERTE
FILET DE BŒUF A LA PARISIENNE
POULARDES ET CANETONS RÔTIS
PATÉ DE GIBIER
SALADE
POIS A LA FRANÇAISE
FLAGEOLETS MAITRE-D'HOTEL
GLACE EUROPÉENNE
GATEAUX DES ILES
GATEAUX VARIÉS
DESSERT
MADÈRE, CHATEAU-MARGAUX, POMARD
CHAMPAGNE.

A la table d'honneur sont placés MM. Janssen, président de l'Aca-
démie des Sciences; Himly, doyen, Lavisse et Martha, professeurs à la
Faculté des Lettres; Velain, professeur à la Faculté des sciences; Gaston
Boissier, Berthelot, Guillaume, de l'Institut; Bréal, professeur au Collège
de France; Gabriel Monod, maître de conférences à l'École Normale;
Rambaud, Beljame, Hertzen, professeur à l'Université de Lausanne;
Planchon, directeur de l'École de Pharmacie; Deschamps, conseiller
municipal; Lecorbeiller, maire de Meudon; Chaumeton.

M. Pasteur, qui n'avait pu se rendre à l'invitation des Étudiants, était
représenté par son fils, M. J.-B. Pasteur, secrétaire de l'ambassade de
Rome, et son gendre, M. Vallery-Radot.

Quel dîner! Non, Rabelais n'en vit pas de pareil. En même temps que
le service se faisait avec la plus grande correction, la fantaisie et la bonne
humeur montaient de tous les côtés. Au madère, on portait déjà des toasts.
Sauf pour la table d'honneur, aucun ordre n'avait été imposé. Chacun
s'était placé librement, selon ses sympathies ou au gré du hasard, inventeur
de sympathies nouvelles. Et de la sorte le rêve de Michelet s'était réalisé.
C'était bien le *Banquet,* le Banquet de l'Humanité. L'Angleterre y choquait
son verre avec la Russie, les États-Unis y portaient un toast au Japon.
Dans un coin, des étudiants en lettres, couronnés de lierre, buvaient frater-

nellement avec les Hollandais à Ver Meer de Delft et à Pieter de Hooch.

Au champagne, au milieu d'un silence relatif, plusieurs discours ont été prononcés par des orateurs pleins d'indulgence.

Le premier, M. Janssen, président de l'Académie des sciences, délégué par le Ministre de l'Instruction publique, a pris la parole :

Ce que je trouve d'admirable, a-t-il dit, dans la pensée de votre institution, c'est que vous avez compris qu'il fallait commencer à l'âge d'Étudiants ces rapports amicaux que nous cherchons à nouer, nous, hommes de science, quand nous sommes déjà avancés dans la vie.

L'humanité, a-t-il ajouté, me semble parvenue à une époque en quelque sorte critique de son développement. La science marche à pas de géant, l'industrie fait des prodiges, les merveilles succèdent aux merveilles avec une rapidité qui nous éblouit. L'homme maîtrise partout la nature et la rend docile à ses besoins et à ses désirs. Tant de puissance, tant de lumière, tant de génie, qui promettent à l'humanité une civilisation supérieure plus haute, plus complète, plus sereine, ne serviraient-ils qu'à préparer des collisions plus formidables et des champs de bataille dont rien dans l'histoire ne pourrait donner une idée?

Voilà le problème de l'avenir. C'est sans doute à vous qu'incombera de résoudre ces terribles alternatives. Aussi, tout ce qui peut préparer aux solutions pacifiques, tout ce qui peut entraîner l'humanité vers la lumière et la concorde, est-il sacré : c'est à ce titre, Messieurs, que je bois à ces rapports fraternels que vous cherchez à établir entre la jeunesse savante des nations. Qui sait ce qu'il en peut sortir pour les intérêts supérieurs et sacrés de l'humanité? Messieurs, à la belle Association des Étudiants. (*Applaudissements répétés.*)

Après M. Janssen, M. Lavisse prend à son tour la parole.

M. Lavisse commence par une citation de Rabelais, qui a, dit-il, prédit les fêtes d'Étudiants de l'année 1889.

Le noble royaulme de France prospérera et triomphera ceste année en tous plaisirs et délices, tellement que les nations estranges voluntiers se y retireront. Petitz bancquetz, petitz esbattements, mille joyeusetez se y feront où chacun prendra son plaisir.

Il rappelle les fêtes données aux Étudiants par l'État et par la Ville :

Il y avait de quoi provoquer la jalousie de S. M. le chah de Perse. Je ne m'étonne point qu'il soit parti.

S'adressant ensuite aux Étudiants français, il les félicite d'avoir fondé leurs Associations et de les avoir si bien conduites :

Voulez-vous mesurer, messieurs les Étudiants de France, le chemin que vous avez parcouru ?

10

Il y a quatre ans, la première pierre de la Sorbonne était posée en grande cérémonie : aucun Étudiant n'y était convié. La Sorbonne vient d'être inaugurée.
M. le Président de la République présidait, entouré de ministres, d'ambassadeurs, de
membres de l'Institut; l'Université était représentée par ses conseils, par ses recteurs, par les professeurs de ses Universités, de ses collèges et de ses écoles. Qui était
le héros de la fête? C'était, après le Président de la République, l'Étudiant. Nous
avions jeté l'hermine sur nos épaules, nous avions revêtu nos robes, qui chantaient
toute la gamme de l'arc-en-ciel. Nous nous étions faits très beaux; mais, pauvres
anciens que nous sommes! les regards étaient pour les bérets de velours, pour les
bonnets frangés d'argent, pour les barrettes de satin rouge, les casquettes à gland
noir, les toques à aigrette blanche, les écharpes de toute couleur, les bannières
antiques, et pour ce millier de jeunes visages marqués des caractères des grandes
races humaines.

Ce progrès accompli, que signifie-t-il? Que vous avez enfin donné à la jeunesse
française sa place au soleil. Elle était une foule anonyme, disséminée dans des
Facultés et des écoles qui ne se connaissaient pas. Vous en avez fait un corps de
métier noble entre tous, une personne dans la nation.

Puis, s'adressant aux jeunes étrangers, il rappelle le temps où les écoliers de tous pays étaient les élèves de l'Université de Paris, où tous les
peuples parlaient latin, où les nations futures se confondaient dans la
chrétienté, pendant que les génies nationaux, encore indistincts, « se
promenaient fraternellement dans les allées du *trivium* et du *quadrivium*,
sous l'œil maternel mais sévère de la théologie ».

Aujourd'hui, les sciences, et combien de sciences, se sont émancipées; le *quadrivium* est devenu *millivium* : des milliers d'intelligences y fourmillent en toute
liberté. La science est encore à Paris, mais elle est partout. Partout, en Europe,
dans des pays quasi inconnus au XIIIe siècle, dans le Nouveau Monde, des Universités
travaillent et pensent. Chacune d'elles parle la langue d'un pays. Il y a sept siècles,
je vous aurais adressé ce discours en latin: vous m'auriez compris. C'est en latin
qu'entre vous vous auriez échangé les gais propos. Ces jours-ci, ce soir, autour de
cette table, vous parlez toutes les langues. Je parle la mienne, de peur que Panta-
gruel, qui doit rôder dans ces environs, n'apparaisse tout à coup et ne me traite
comme le « Limosin » qui « despumoit la verbocination latiale ».

Ainsi, Messieurs, tout s'est séparé, diversifié, multiplié. La vie partout répandue
est partout active. Une heure de notre temps fait plus de besogne qu'un siècle du
temps passé. Soyez donc heureux de vivre aujourd'hui; car aujourd'hui est grand;
mais laissez-moi ajouter :

« Ne vous reposez pas dans l'œuvre de vos pères; aucune génération n'a droit à
l'inertie; chacune a sa tâche, et la vôtre est belle. Il faut que par vous demain soit
meilleur qu'aujourd'hui. »

Car il y a de grandes ombres à nos grandes lumières. Toute notre activité n'est
pas employée au bien : une part trop grande est donnée à la haine et à la destruction.

Messieurs les Étudiants étrangers, je veux vous parler comme à des hommes. Ces jours-ci, j'ai entendu exprimer bien des illusions généreuses. Avant-hier, dans une belle cérémonie intime, les délégués de toutes les nations ont célébré la paix et la fraternité. Hier, lorsqu'il s'agissait de désigner au sort l'orateur qui parlerait seul, au nom des étrangers, vous vous êtes demandé s'il y avait encore des nations. « Il n'y a plus de nations, a dit quelqu'un : il n'y a plus que des Universités. »

Et comme vous aviez pris la résolution de vous tutoyer, c'était plaisir d'entendre crier d'un bout à l'autre de la table : « A toi, Cambridge ! A toi, Bologne ! A toi Harward ! A toi, Vienne ! A toi, Liège ! A toi, Buda-Pest ! A toi, Venezuela ! A toi Lund ! A toi, Bâle ! A toi, Helsingfors ! A toi, Prague ! » Mais, en vous écoutant, je craignais pour votre rêve le heurt contre la dure réalité. Je ne pouvais me défaire de la triste pensée que plusieurs d'entre vous, peut-être, se rencontreront ailleurs que dans les fêtes !

Jeunes gens, ne voyez pas le monde trop en beau, de peur que vous ne perdiez courage le jour où vous le verrez comme il est. Au mal dont nous souffrons le cosmopolitisme n'est pas le vrai remède. Aussi je ne vous prêcherai pas cette doctrine : je n'y crois pas, je ne l'aime pas ; elle n'est pas de notre temps.

Après avoir défini le cosmopolitisme chrétien du moyen âge, et le cosmopolitisme philosophique du XVIIIe siècle, M. Lavisse termine ainsi son discours :

Messieurs, notre siècle a fait des nations. Il a créé ou ressuscité la Grèce, la Belgique, l'Italie, la Hongrie, l'Allemagne, la Roumanie, la Serbie, la Bulgarie, les républiques d'Amérique. Voilà son office principal, sa marque distinctive, son originalité, sa gloire.

Messieurs les Étudiants étrangers, aimez donc vos patries comme nous aimons la nôtre. Dans la grande incertitude où nous laissent la science et la philosophie sur toutes les questions vitales, l'activité humaine risquerait de dépérir, si elle n'avait un objet immédiat, visible, tangible. Je sais bien que, si je retirais de moi-même certains sentiments et certaines idées, l'amour du sol natal, le long souvenir des ancêtres, la joie de retrouver mon âme dans leurs pensées et dans leurs actions, dans leur histoire et dans leur légende ; si je ne me sentais partie d'un tout dont l'origine est perdue dans la brume et dont l'avenir est indéfini ; si je ne tressaillais pas au chant d'un hymne national ; si je n'avais pas pour le drapeau le culte d'un païen pour une idole, qui veut de l'encens et, à de certains jours, des hécatombes ; si l'oubli se faisait en moi de nos douleurs nationales, vraiment je ne saurais plus ce que je suis ni ce que je fais en ce monde. Je perdrais la principale raison de vivre.

Quel est donc le grand problème du temps où vous vivez ? c'est la conciliation des droits immédiats et clairs des patries avec les droits les plus vagues, mais supérieurs, de l'humanité.

Pour opérer cette conciliation, ne comptez pas trop sur la science : les mathématiques, la physique et la chimie sont les aides de camp des ministres de la guerre. N'espérez pas même en la philosophie : elle enseigne que les faibles n'ont pas le droit de vivre. La doctrine dont il faut que vous soyez les apôtres se peut exprimer en deux mots : chaque patrie doit le respect à toutes les patries. Partout où des hommes consentent à vivre ensemble, sous les mêmes lois, avec les mêmes sentiments, avec les mêmes passions, cette existence collective est légitime, elle est auguste, elle est sacrée, elle est inviolable. Jeunes gens, vous ferez demain l'opinion du monde ; au monde qui hésite entre les vieilles idées et les nouvelles où les phénomènes de l'antique barbarie se confondent dans une étrange expérience avec les progrès merveilleux de la civilisation, donnez ce dogme. Le plus grand des crimes contre l'humanité, c'est de tuer une nation ou de la mutiler. Prenez l'horreur de ce crime ; souffrez des souffrances des victimes.

Ne vous méprenez pas pourtant sur le sens de mes paroles. Je sais quels sont les devoirs d'hôtes envers leurs hôtes. Je ne prétends pas vous intéresser à notre querelle ni requérir votre aide. Nous voulons suffire à notre tâche et, s'il plaît à Dieu, nous y suffirons. Devant ces jeunes représentants de tous les peuples, l'expression d'un sentiment égoïste serait une faute et une incivilité. Laissez-moi vous dire pourtant que la France du XIXᵉ siècle a des titres particuliers à prêcher la doctrine du respect des nations envers les nations. Républicains de l'Amérique du Nord, nos pères ont combattu ensemble dans la guerre d'Indépendance ; ensemble ils ont proclamé le droit des temps nouveaux. Hellènes, nous étions, à Navarin, avec l'Angleterre et la Russie, et notre drapeau a salué la liberté d'Athènes. Belges, nous avons laissé du sang dans les fossés d'Anvers. Italiens, votre pays a été, au cours des siècles passés, le théâtre de nos guerres d'ambition : dans la guerre que nous avons faite ensemble, nous avons mis les plus nobles passions de notre âme. A tous, enfin, je puis dire : La compassion que nous réclamons pour toutes les souffrances, nous l'avons ressentie ; de combien d'exilés notre pays n'a-t-il pas été, je ne dirai pas le refuge, mais la patrie !

C'est pourquoi, messieurs les Étudiants étrangers, à la fin de nos fêtes, dont vous avez été la joie et l'ornement, au moment de nous séparer de vous, plein de respect pour vos patries, tout ému des spectacles qu'a donnés votre jeunesse pendant cette semaine de fraternité, sachant que vous serez demain l'humanité, je ne trouve point dans mon cœur de vœu plus humain que celui que j'exprime, la main étendue sur vos bannières : « Que l'esprit de la France soit avec vous ! »

Des applaudissements unanimes saluent cette belle péroraison.

Après une aimable allocution de M. Lecorbeiller, M. Huguenin, étudiant à Genève, parle ainsi au nom des délégués des Universités étrangères :

Messieurs les Étudiants de Paris,
Chers amis,

C'est pour la seconde fois que j'ai l'honneur de prendre la parole devant vous. Naguère, c'était au nom de la Suisse, ce petit pays ami, que je vous apportais le tribut de reconnaissance qui vous était dû ; aujourd'hui, le hasard a voulu faire de moi le porte-voix de toutes les nations représentées à vos belles fêtes, pour vous exprimer, au nom de tous, notre profonde gratitude pour vous, notre amour et notre admiration pour votre patrie.

Que vous dire, Messieurs, des belles fêtes que vous nous avez offertes et des sentiments qu'elles nous ont inspirés? Que nous avons contracté avec vous une dette immense et dont il nous sera impossible, quoi que nous fassions, de nous acquitter jamais.

Mais nous ne voulons pas prouver notre reconnaissance par des paroles, c'est par des actes que nous vous montrerons que ce que vous avez fait pour nous n'est pas perdu, que toutes ces belles idées que nous avons entendu exprimer pendant cette semaine inoubliable, ne sont pas tombées sur un sol ingrat. Aussi, nous tous, délégués étrangers, Anglais, Américains du Nord, Américains du Sud, Autrichiens, Belges, Danois, Finlandais, Grecs, Hollandais, Hongrois, Italiens, Norvégiens, Roumains, Russes, Suédois et Suisses, nous sommes résolus à proclamer hautement, dès notre rentrée dans nos patries, aux Étudiants des Universités, nos camarades et à tous nos compatriotes, l'accueil si cordial et si magnifique que nous avons reçu des Étudiants français. Nous répandrons autour de nous toutes les idées généreuses que nous sommes venus puiser à cette source vive de lumière et d'éclat, à Paris, la capitale du monde.

En cela, Messieurs, nous contribuerons, espérons-le, pour une grande part à faire disparaître bien des idées préconçues, bien des faux préjugés, et nous aurons fait une œuvre bonne, une œuvre de justice et de vérité! Vous verrez alors, chers camarades de Paris, que mes discours d'aujourd'hui ne sont pas des paroles prononcées en vain, et la joie que vous aurez de vous voir mieux connus, c'est-à-dire plus aimés à l'étranger, vous et votre chère patrie, sera pour vous la meilleure récompense, nous le savons, de votre accueil si hospitalier et si généreux. (*Applaudissements.*)

M. Roziès, étudiant de Marseille, lit le discours suivant au nom des Étudiants français :

Messieurs, mes chers camarades,

Ce n'est pas moi qui aurais pris la parole devant vous, si le sort ne m'avait désigné. Il m'a fait là un honneur auquel je n'étais pas préparé, puisque je parle au nom de toutes les délégations françaises, au nom de toutes nos provinces, sans compter l'Algérie, dont aucune n'a manqué à votre appel, chers camarades de Paris.

Tout d'abord, permettez-moi de vous rappeler qu'en ce même lieu où nous nous trouvons aujourd'hui, il y a quelques années à peine, les Étudiants de Paris fêtaient en Rabelais le grand maître de la gaieté française.

Aussi bien, autant que la gaieté, nous aimons, nous autres Français, l'indépendance, et en raillant par son gros rire tous les abus de son temps, les mascarades pompeuses, chères à la distinction des castes, les excès de l'intolérance et de l'autorité, Rabelais, notre grand aïeul, nous a montré qu'on peut accomplir gaiement, très gaiement, des œuvres sérieuses. On nous accuse volontiers d'être légers, il ne tient qu'à nous de faire mentir le proverbe. Nous essaierons.

Je n'ai pas besoin de vous rappeler en détail les merveilleuses fêtes auxquelles vous avez assisté depuis huit jours.

Je veux seulement remercier ceux qui nous y ont conviés pour l'émotion profonde que nous a fait éprouver une fraternité nouvelle.

Qu'ils reçoivent donc nos sincères remerciements, ces dévoués membres de l'Association Générale des Étudiants de Paris, qui, grâce à l'initiative heureuse de leur président Chaumeton et de leur Comité, ont pu concevoir un projet si hardi et le mettre si bien à exécution.

Je remercie aussi nos maîtres qui les ont aidés et parmi eux les plus aimés, présents à ce banquet et qui pourraient être à juste titre les présidents d'honneur de toutes les Associations de France. Car n'est-ce pas à eux qu'elles doivent d'exister? Je ne les nomme pas, car votre clairvoyante gratitude suffit à les désigner.

Grâce à ces vaillants soutiens de notre cause, vous avez pu, Messieurs, organiser les fêtes magnifiques dont le couronnement est le cordial banquet d'aujourd'hui. Grâce à eux, nous avons pu, Étudiants de France, que les agitations de la politique ne troublent pas, mais qu'attristent parfois, trop souvent même, les alarmes venues du dehors, faire le compte de nos amis; et nous vous remercions, chers camarades étrangers, de la joie que nous avons eue à les trouver si nombreux.

Vous êtes venus, représentants de l'ancien monde et du nouveau, nous apporter de bienfaisantes paroles et dissiper noblement, au nom de la paix et de la liberté, les funestes malentendus que, dans un but intéressé, on cherche à semer entre des nations faites pour s'aimer et non pour se combattre.

L'un de vous disait, il y a deux jours, qu'il s'en retournerait dans sa patrie comme un ambassadeur de la France.

Aurions-nous donc, à vingt ans, créé comme une diplomatie nouvelle, qui va, sereine, sans dissimulation et sans menaces, établir la charte des sociétés futures au nom de l'humanité? N'est-ce pas trop présumer de nos forces? Mais il est toujours permis d'essayer. La tâche est assez noble pour nous tenter, malgré toutes les difficultés à vaincre. Ce que nous aurons semé ensemble, nous le récolterons ensemble.

Quel orgueil ne sera pas le nôtre, chers camarades, en songeant que nous aurons contribué de toutes nos forces à un tel résultat par des réunions pareilles à celle qui nous rassemble aujourd'hui!

Aussi, le vœu que nous devons former, et que nous formons tous, j'en suis sûr, est de voir s'organiser, le plus souvent possible, des fêtes auxquelles les Étudiants de toutes les nations viendraient prendre part et où ils pourraient s'assurer réciproquement des sentiments d'amitié qui les unissent les uns aux autres.

Déjà l'Université de Bologne a pris, il y a un an, l'initiative d'une pareille manifestation. L'occasion que nous a donnée l'Association Générale des Étudiants de Paris nous a permis de témoigner de notre mieux aux Étudiants italiens la reconnaissance que nous en avons gardée.

Après Paris, Montpellier vient de nous inviter, étrangers et Français, à fêter le sixième centenaire de son Université au printemps prochain.

J'espère que nous nous y retrouverons en grand nombre pour continuer gaiement, à la française, la grande œuvre dont j'ai parlé. Je puis vous promettre l'accueil le plus cordial. Après vous être convaincus ici de l'affection que Paris vous témoigne, vous vous assurerez en province que Paris n'a fait qu'exprimer les sentiments de la France tout entière. Partout vous serez les bienvenus.

Puisque je suis à Montpellier, laissez-moi me souvenir un instant, avant de quitter le Midi et bien que je parle ici au nom de toutes les Associations françaises, que je représente particulièrement l'Association de Marseille. L'exemple de Montpellier nous tente et nous voudrions l'imiter. Nous n'en désespérons pas. Mais pour vous offrir une hospitalité digne de vous, nous attendrons encore un peu, jusqu'à ce que l'Université de Provence ait un centre digne d'elle. Dès que notre espérance sera réalisée, vous serez nos hôtes. De tout cœur, nous souhaitons que le moment soit prochain.

Un de nos camarades de Florence a fait remarquer avec beaucoup d'esprit que les discours sont inutiles entre frères : on s'embrasse, et tout est dit. Je n'ai pas tout à fait suivi son exemple. Je m'en souviens trop tard, peut-être. Des convives, à table, fussent-ils même des frères, ont la patience courte. Aussi, après avoir remercié une dernière fois l'Association Générale des Étudiants de Paris, qui nous a fait participer à de si belles fêtes, nos camarades étrangers, qui ont honoré la France de leur visite et laissé en nous un souvenir inoubliable de leur passage, malheureusement trop court, il ne me reste qu'à vous dire à tous, non pas adieu, mais au revoir.

Je bois au nom des Étudiants de province, à nos amis étrangers et à nos amis de Paris. (*Applaudissements.*)

M. Baba, délégué du Japon, s'exprime ainsi :

Messieurs,

Le Japon se trouve séparé de l'Europe par plusieurs milliers de lieues. Mais, ai-je besoin de le dire, la vérité ne connaît pas de frontières. Aussi, je n'hésite pas à dire que les progrès que la France a réalisés et réalisera dans l'avenir sur le terrain scientifique sont un honneur, non seulement pour elle, mais pour l'humanité tout entière. (*Applaudissements.*)

C'est donc, Messieurs, pour moi, un honneur en même temps qu'un réel plaisir que de vous offrir ici notre drapeau au nom de tous les Étudiants japonais, pour témoigner la vive sympathie que le Japon éprouve pour la France.

Permettez-moi, Messieurs, de vous exprimer en terminant les vœux les plus sincères pour la prospérité de votre Association. (*Applaudissements.*)

A ces mots, M. Baba remet au président de l'Association Générale des Étudiants de Paris un admirable drapeau japonais, en satin blanc, portant au milieu la lune orange. Ce drapeau, ainsi que celui de Venezuela, figure dans toutes les grandes réceptions que l'Association de Paris donne chez elle.

Enfin, au nom des Étudiants étrangers de Paris, M. P.-J. Hartog, étudiant anglais, parle en ces termes :

Messieurs,

Les chefs des délégations étrangères vous ont déjà exprimé leur reconnaissance pour la magnifique hospitalité qu'ils ont reçue ici.

Mais nous, les Étudiants étrangers *de Paris*, au nom de qui j'ai l'honneur de parler, nous qui avons passé des années en France, nous avons une dette autrement grande à acquitter.

Qu'on le dise tout haut, la France n'a jamais oublié un instant les principes de 1789 qui l'ont mise à la tête de tous ceux qui regardent en haut et en avant. Depuis le commencement du siècle, elle a fait des sacrifices énormes pour donner gratuitement à tous ses citoyens sans distinction le moyen d'apprendre et de s'élever dans la science.

Elle a voulu aussi que non seulement les Français, mais que tous les étrangers qui viennent en France, pussent profiter de ces sacrifices. On vient en France, étranger, et ce sont les Français qui vous donnent, sans rien vous demander, le moyen de puiser dans ses sources de science incomparables. Elle voit en vous l'Étudiant, elle oublie l'étranger.

Qui de nous ne se rappelle les paroles touchantes par lesquelles ces maîtres qui ont été les amis de votre Association dès la première heure, MM. Bréal et Lavisse, nous ont souhaité la bienvenue ?

Qui de nous oubliera jamais le bienveillant intérêt, l'infatigable dévouement de nos professeurs, la cordialité charmante de nos camarades, je ne puis nommer ici que notre pauvre Delcambre, notre président et ami Chaumeton, nos amis Brocard, La Chesnais, que vous connaissez tous, cette cordialité qui ne nous a jamais laissé sentir un seul instant que nous étions, parmi vous, des étrangers.

La France nous a traités comme ses propres fils, nous voyons en elle une seconde patrie.

Messieurs, ce moment n'est pas seulement un moment de réjouissances et de fêtes.

L'autre jour, à l'inauguration solennelle de la Nouvelle Sorbonne, dans cet amphithéâtre où l'on se sentait en communion avec les plus grands esprits de l'antiquité, il y avait quelque chose de nouveau dans nos cœurs, qu'eux ne connaissaient pas.

Nous, la jeunesse réunie de tous les peuples civilisés, nous qui devons *faire* l'avenir, nous avons senti frémir nos cœurs d'un commun accord aux nobles et fraternelles paroles de M. Fallières. Nous sentions tous que le moment est venu pour suivre la France et pour l'aider dans la voie vers l'idéal qu'elle poursuit depuis 1789. Cet idéal nouveau n'a plus de place, il est vrai, pour la gloire qui est fondée sur la souffrance des autres peuples. Mais il nous appelle vers une sympathie et une vie plus large, vers un bonheur plus grand.

Messieurs, je ne suis pas cosmopolite au sens étroit du mot. Je sais que, pour pouvoir aimer, il faut d'abord aimer ceux qui sont près de soi. Mais une fois cette leçon apprise, nous devons ouvrir nos cœurs et nos bras à tous. C'est ce qu'a fait ce noble et beau pays de France.

Nous n'oublions pas, camarades, les leçons que vous nous avez enseignées. Nous retournerons chacun dans notre foyer, pour y porter la bonne nouvelle.

C'est pour cela que nous crions tous, ensemble :

Vive la France! Vive les Étudiants français! (*Applaudissements.*)

Ces discours, pour être bien compris, doivent être accompagnés, comme ils l'ont été dans la réalité, d'un bruit de verres, de voix, de toasts, d'acclamations, pareils, comme dit Homère, à celui « de la mer retentissante. »

Après le dîner, on prend le café et on se répand sur la terrasse. Dans les arbres, sous les feuilles d'un vert tendre, luisent doucement des ballons de couleur. Au loin, Paris s'est illuminé de mille lumières légères, parmi lesquelles on distingue à leurs longs fuseaux électriques les feux changeants de la tour Eiffel qui, pendant le dîner, au signal convenu de deux fusées, ont inondé de leurs nappes lumineuses le banquet de Meudon. On acclame M. Janssen qui se retire très touché. Enfin, on part pour la gare, où deux trains spéciaux doivent prendre les Étudiants.

Le cortège s'avance au milieu des chants : des lanternes de couleur portées au bout des cannes éclairent, çà et là, les drapeaux. Tous les gens du pays sont aux portes et aux fenêtres. Les pompiers de Meudon marchent en tête, chargés de conduire leurs hôtes à la gare de Bellevue.

Telle était l'émotion générale, que les pompiers de Meudon eux-mêmes se sont trompés plusieurs fois de chemin. Enfin, de la gare de Bellevue, les trains chargés à déborder amènent à Paris tous les convives qui échangent fraternellement leurs coiffures et leurs drapeaux. Un Russe porte l'élégant petit bonnet de velours bleu des étudiants en droit de Bologne. Un Montpelliérain tient à la main le béret de Lyon, brodé du lion symbolique.

C'est là le retour que prévoyait sans doute l'élégante mosaïque ancienne gravée au verso du menu : Bacchus jeune, dansant, une coupe d'une main, le thyrse de l'autre, accompagné de la Folie qui frappe sur un tambourin.

Ainsi se terminèrent ces belles fêtes. On en prévoyait alors, on en connaît maintenant les résultats.

Les Étudiants, autrefois isolés, se connaissent à présent. Ils s'offrent entre eux en province ou à l'étranger les facilités de travail et les agréments de leurs Associations. Où il y avait seulement des inconnus, on trouve des amis. Il n'est pas de mois où l'Association de Paris ne reçoive vingt ou trente étudiants qui lui sont adressées par les autres Associations. Les nouveaux venus trouvent naturellement chez elle des renseignements de toute sorte, une intimité facile, quoique choisie, et cette franche camaraderie qui, chez les élèves comme chez les maîtres, rend la science plus abordable en la faisant affectueuse.

Un jour viendra où une sanction pratique reconnaîtra l'utilité de ces voyages d'Étudiants. Les Universités françaises échangeront leurs élèves : un semestre à Lyon, un semestre à Montpellier feront une année d'étude. Peut-être ces équivalences d'inscriptions ne s'arrêteront pas à la France. Comme l'ouvrier faisait autrefois son tour de France, l'Étudiant fera son tour d'Europe, ou peut-être même d'Amérique. Il en reviendra, comme jadis notre maître Descartes, encore plus tolérant et plus intelligent pour avoir vu que la science est infinie comme l'océan et comme l'humanité, et pour avoir compris, d'après les mille méthodes par lesquelles elle se forme, qu'elle ne peut jamais se fixer ni s'arrêter. Il élargira les limites de son entendement et sera plus disposé ainsi à voir s'élargir les frontières si étroitement fermées des nationalités.

Si cet avenir se réalise, il aura commencé heureusement, puisqu'on y aura préludé par des fêtes : les fêtes de Paris en 1889, les fêtes de Montpellier en 1890. Souhaitons que ces anniversaires heureux se multiplient. Souhaitons surtout que tous les jeunes amis de 1889 se rappellent, comme ils l'ont vue, cette France hospitalière qui les a reçus debout, au milieu de toutes ses merveilles, cordiale, modeste, le regard droit, les mains ouvertes, avant de se rasseoir, comme la figure symbolique de la Sorbonne, par Puvis de Chavannes, dans le recueillement et la méditation de la paix.

TABLE

IMPRIMÉ

PAR

GEORGES CHAMEROT

19, rue des Saints-Pères, 19

PARIS

www.ingramcontent.com/pod-product-compliance
Lightning Source LLC
LaVergne TN
LVHW050629090426

835512LV00007B/746